The Identification
of Flowers
by Rhea Jang

장은옥의 플로리스트를 위한 절화 이야기

수풀미디어

The Identification of Flowers by Rhea Jang
장은옥의 플로리스트를 위한 절화 이야기

2023년 2월 25일 1판 3쇄 발행

지은이 Author 장은옥 Rhea, Jang eunok
번역 Translator 조영창 Youngchang Cho, 노은숙 Eunsook Noh

펴낸곳 수풀미디어
주소 서울시 서초구 강남대로 27 화훼공판장 91-6
전화 Tel +82.2.743.0258, +82.10.3664.1602
팩스 Fax +82.2.6008.6025
등록 2006년 8월 13일 제 382-2007-12호
출판사 홈페이지 www.spbooks.co.kr
ISBN 978-89-94177-27-4   06520

정가 28,000원

이 책을 만든 사람들
Publisher 배철호 Bae Cheolho **기획·진행** 수풀미디어 기획팀
사진 Photographer 윤동준 Yoon DongJoon **디자인** Design 김하영 Kim Hayoung

Copyright ⓒ 2021 by SooPool Media Publishing Co. www.spbooks.co.kr
All rights reserved. First Edition Printed 2021. Printed in South Korea.

이 책의 어느 부분도 저작권자나 수풀미디어 발행인의 승인 문서 없이 일부 또는 전부를
사진 복사나 디스크 복사 및 기타 정보 재생 시스템을 비롯하여 현재 알려지거나
향후 발명될 어떤 전기적, 기계적 또는 다른 수단을 통해 복사, 재생하거나 이용할 수 없습니다.

*이 도서의 국립중앙도서관 출판시도서목록(CIP)은 서지정보유통지원시스템 홈페이지(http://seoji.nl.go.kr)와
국가자료공동목록시스템(http://www.nl.go.kr/kolisnet)에서 이용하실 수 있습니다.

The Identification of Flowers
by Rhea Jang

장은옥의 플로리스트를 위한 절화 이야기

These books are without a doubt the most comprehensive and beautifully photographed single source of care and handling information available today. When I first saw the original Korean version of Dr. Eunok Jang's books, I immediately beseeched her to translate them into English. After a little nudging and insistence, she has now completed this wonderful two book set. This resource will make the job of teaching(and learning) floral identification and post-harvest care of flowers/foliage much easier by having all the correct information in one comprehensive source.

이 두 권의 책은 절화/절엽 취급에 대한 최신 정보를 종합적인 설명과 더불어 생생한 사진 을 통해 제공하는 귀중한 자료이다. 장은옥 박사의 한국어 원본을 처음 보았을 때 나는 즉각 영어로 번역할 것을 권하였다. 그러나 이 먼진 두 권의 책이 완성되기까지는 조금 더 설득이 필요하였다. 이 두권의 책은 절화/절엽에 대한 정확한 정보는 물론이고 수확 후 취급법에 대해서까지 포괄적으로 다루고 있어서 절화/절엽에 대해 보다 쉽게 가르치고(또 배우고) 이해하는데 반드시 필요한 소중한 도우미가 될 것임을 믿어 의심치 않는다.

Bill McKinley AIFD, CFD, ICPF

Benz Endowed Chair/Director/Senior Lecturer
Dept of Horticulture Texas A&M University

There are many characteristics of this wonderful new book, "The Identification of Flowers" by Dr. Eunok Jang that make it easy to use. The first two pages illustrate how to understand the presentation of each flower. That is followed by a complete pictorial index making it easy to locate any particular flower and go to its page. Once on that page every aspect of that flower is clearly presented. The color plates are vibrant and accurate for all 178 entries. It is the perfect size for carrying in a backpack or brief case. This book is easier to use and better than Googling!

장은옥 박사의 신간 "The Identification of Flowers"의 가장 큰 특징은 독자들의 편의를 배려한 구성에 있다. 맨 앞에 나오는 '이 책의 구성'에서는 각 페이지마다 절화를 어떻게 소개하고 있는지에 대한 페이지 구성을 사진으로 설명하고 있다. 연이어 연결되는 '꽃의 형태로 찾아보기'에서는 원하는 절화를 쉽게 찾아볼 수 있도록 절화의 사진과 페이지가 실려 있다. 이어서 알고 싶은 절화에 해당하는 페이지를 펼치면 원하는 모든 정보가 정확하고 상세하게 설명되어 있다. 생생하고 정교한 사진과 더불어 178개의 절화에 대한 모든 정보가 담겨진 이 책은 배낭이나 가방에 넣어 다니기에 안성맞춤의 크기이다. 심지어 구글보다 사용이 용이하고 훨씬 더 유용하다!

James L. Johnson AAF, AIFD, TMFA

Distinguished Lecturer and Director Emeritus
Benz School of Floral Design
Texas A&M University

Sejong the Great, the inventor of invaluable Korean alphabet 'Hangul', writes the purpose of his creation of Hangul as following in the preface of Hunminjeongum, The Correct/Proper Sounds for the Instruction of the People:

<Because the speech of this country is different from that of China, it [the spoken language] does not match the [Chinese] letters. Therefore, even if the ignorant want to communicate, many of them in the end cannot state their concerns. Saddened by this, I have [had] 28 letters newly made. It is my wish that all the people may easily learn these letters and that [they] be convenient for daily use.>

Although I cannot dare to compare this work with hangul, which is one of the greatest inventions of the Korean history, my motivation of writing this book is not very much different from that of Sejong's will asserted above.

The illustrated guides currently in the market are either the translated version of the foreign authors or limited to the wild flowers, trees or common flowers if they are written by Korean authors. Therefore, it is hard to find the information on the cut-flowers, cut-leaves or cut-branches sold in Korean market. Since cut-flowers or cut-leaves are removed off of their roots, they have entirely different physiological characteristic from other plants, and need proper management accordingly. Also, the species distributed as the cut-flower have more heterogeneity among one another than the flower bed plants or wild flowers in terms of the breed and shape. Furthermore, some of them are distributed with specific parts removed, which makes it even harder to refer to the general plant guide for the difficulty in classification.

This guide enables reader to grasp the information on the cut-flowers, cut-leaves and cut-branches found in Korean market more easily; the information includes the plants' longevity, color, size and dry/fresh information. All the pictures used are prepared to present both the whole and part of the each of the plant body well. I have working on this guide since 2008, so I have walk through quite a long road to finalize this. I used to wait for the following year to come not having all the pictures required for that specific season, or finding the quality of some pictures are not good enough. I had to rework on some of my drafts due to changing market trend. I have to admit that sometimes, such situation made me frustrated, but now I believe it became very good fertilizer for this book to bloom more beautifully.

I wish my time and efforts make this work as indigenous to Korean market is rewarded by being used as an essential guide for more of the florists. Also, I hope my work could be a small but valuable contribution to the field of flower design.

Rhea Eunok Jang, Author

세계적으로 인정받는 우리의 소중한 자산 '한글'을 만드신 세종대왕께서는 글자를 만든 이유에 대하여 훈민정음 서문에 다음과 같이 언급하셨다.

<나랏말씀이 중국과 달라 한자와 서로 통하지 않으니 어리석은 백성들이 말하고 싶어도 그 뜻을 펴지 못한다. 내가 이것을 안타까이 여겨 새로 스물여덟 글자를 만들었으니 이는 백성들이 쉽게 익혀 날마다 편히 사용하게하기 위함이다.>

한글과 이 책을 감히 비교할 수 는 없겠으나 위의 글은 내가 처음 책을 기획하던 그 마음과 전혀 다르지 않다.

서점에서 판매되고 있는 도감들은 외국에서 출판되었거나, 혹 우리나라의 것이라도 모두 산과 들에서 볼 수 있는 야생화, 나무, 혹은 분화 정도에 한정되어 있다. 그런 이유로 우리나라의 꽃시장에서 판매되는 절화, 절엽, 절지 등에 대한 정보는 좀처럼 찾아보기 어렵다. 뿌리가 제거된 절화나 절엽은 뿌리가 있는 다른 식물들과는 전혀 다른 생리적 특성을 가지고 있어 그에 맞게 관리해야 한다. 또한 절화로 유통되는 종류는 화단식물이나 야생화에 비해 품종이나 형태 차이가 심하고, 특정 부분이 제거된 상태로 판매되기도 하여 일반 식물과 같은 책을 참고하면 구분하기가 쉽지 않아 어려움이 많다.

이 책에서는 우리나라의 절화 식물의 수명 · 컬러 · 규격 · 건조여부 등을 한 눈에 볼 수 있도록 나열하였으며, 사용된 사진들은 잘라진 식물체 전체와 부분들이 잘 보일 수 있도록 특별히 촬영되었다. 원고와 사진을 처음 준비하기 시작한 것이 2008년이므로 마무리까지 너무나 많은 시간과 노력이 필요했다. 필요한 사진을 미처 촬영하지 못하여 다음 시즌을 기다리기도 하고, 사진의 상태가 좋지 못하거나 유실되어 또다시 그 다음 시즌을 기다리기도 하였다. 심지어 원고를 완성한 후 시간이 흐르면서 시장 상황이 바뀌어 또다시 손을 봐야하는 상황에 이르기도 하였다. 이러한 모든 상황들이 나를 지치고 힘들게 하였지만 좀 더 좋은 책이 될 수 있는 자양분의 역할을 한 것 또한 사실이다.

이 처럼 오랜 시간과 노력으로 우리나라의 시장 현황과 환경에 맞도록 만들어진 만큼 모든 플로리스트들에게 꼭 필요한 기본서로 애용되길 기대하며, 이 책이 화훼디자인 분야 발전에 작으나마 도움이 되기를 바란다.

저자 장은옥

CONTENTS

Organization of this book

Index by floral shape

Index by Family name

Cut flowers 1~178

Birth flower

Home of flower

Floral language

Index by Floral name

Index by Scientific name

Index by English name

CONTENTS

이 책의 구성
꽃의 형태로 찾아보기
과별로 찾아보기
절화 1~178
탄생화
식물 원산지
꽃말
이름으로 찾아보기
학명으로 찾아보기
영명으로 찾아보기

이 책의 구성

영명
미국이나 영국 등의 영어권 나라에서 사용되는 일반적인 이름을 표기하였습니다.

학명
전세계에서 공통적으로 사용되는 이름입니다. 라틴어로 표기하였습니다.

동의어
이명을 표기하였습니다.

68

Didiscus
Trachymene coerulea (Syn. : *Didiscus* spp.)

트라키메네
미나리과 Apiaceae

another name lace flower, australian lace flower
다른이름 디디스커스

다른이름
지역과 분야에 따라 사용되는 여러 이름, 혹은 유통명 등을 표기하였습니다.

Color Name

- White
- Cream
- Yellow
- Green
- Lavender
- Purple
- Pink
- Magenta
- Red
- Burgundy
- Orange
- Dyed
- Bicolor
- Gray
- Blue
- Peach
- Brown
- Variagata

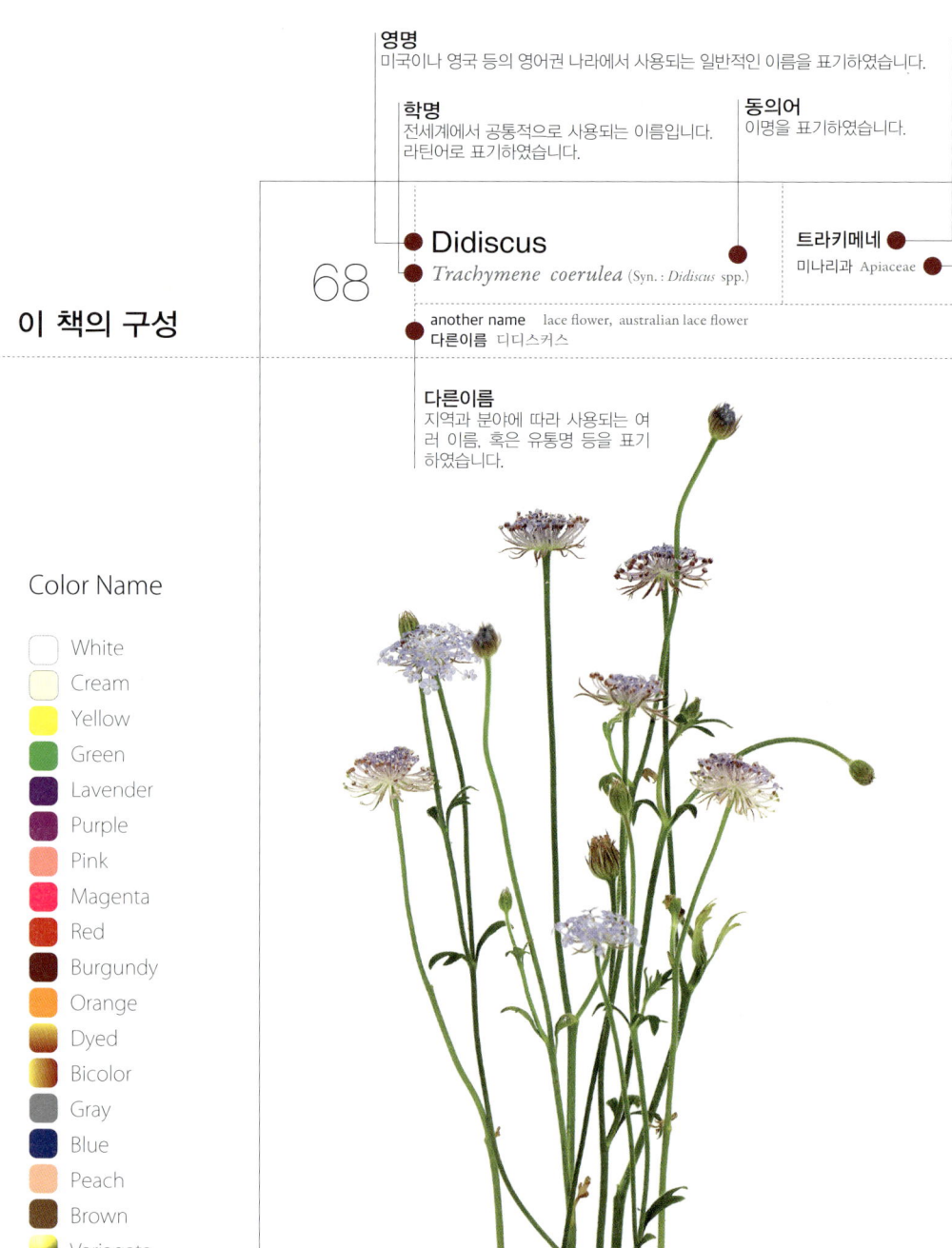

식물의 길이
채화된 상태로 식물이 유통되는 전체의 길이를 표기하였습니다.

- **식물명**
현재 사용하고 있는 이름들 중 권장하고 있는 이름을 표기하였습니다.

- **과명**
식물이 속해 있는 '과'를 표기하였습니다. 그러나 분류체계의 기준에 따라 다소 차이가 있을 수 있습니다.

It is originated from Australia, Malaysia and New Caledonia. Its stem is thin, and small flowers bloom in circle. Its overall shape is very similar to that of scabiosa. Originally it belonged to the genus 'Didiscus', but it is now renamed 'Didiscus'. In most cases it is called 'Didiscus' in the market.

오스트레일리아, 말레이지아, 뉴칼레도니아와 같은 지역이 원산인 식물로 작은 꽃들이 둥글게 모여서 핀다. 줄기는 가늘고 전체의 형태는 스카비오사와도 매우 흡사하다. 본래는 'Didiscus 속'의 식물이었지만 지금은 'Didiscus'가 이명처리 되었다. 그러나 시중에서 유통될 때는 아직까지 '디디스커스_Didiscus'라는 이름이 사용되 는 경우가 많다.

특성 및 유의사항
식물의 고유한 특성이나 물올림, 관리 등에 필요한 여러 사항들을 서술하였습니다.

30~50 cm

4~7 days

1 bunch

Line ☐ Mass ☑ Form ☐ Filler ☑

Dry ☐ Not Dry ☑

식물의 형태
라인 꽃(line flower), 매스 꽃(mass flower)과 같이 식물이 디자인에 적용될 수 있는 형태를 표기하였습니다.

식물의 건조
식물의 건조 가능 여부를 표기하였습니다.

컬러
유통되고 있는 식물의 컬러들을 구별하기 쉽도록 색으로 표현하였습니다.

포장단위 1단(1 bunch), 1대(1 stem)와 같이 식물이 유통될 때 포장되는 단위를 표시하였습니다. 줄기의 수량이 비교적 균일한 것은 되도록 stems로 표기하고 줄기의 수량이 지나치게 불규칙한 것은 bunch로 표기하였습니다.

식물의 수명 식물이 뿌리 없이 신선도를 유지할 수 있는 수명을 표기하였습니다.

Configuration

English name
Name in the U.S, England and other English speaking countries.

Scientific name
World's most commonly used name in Latin.

Synonym
A second name.

68

● Didiscus
● *Trachymene coerulea* (Syn.: *Didiscus* spp.)

● 트라키메네
미나리과 Apiaceae ●

another name   lace flower, australian lace flower
● 다른이름 디디스커스

Other name
Various other names in use.

Color Name

- White
- Cream
- Yellow
- Green
- Lavender
- Purple
- Pink
- Magenta
- Red
- Burgundy
- Orange
- Dyed
- Bicolor
- Gray
- Blue
- Peach
- Brown
- Variagata

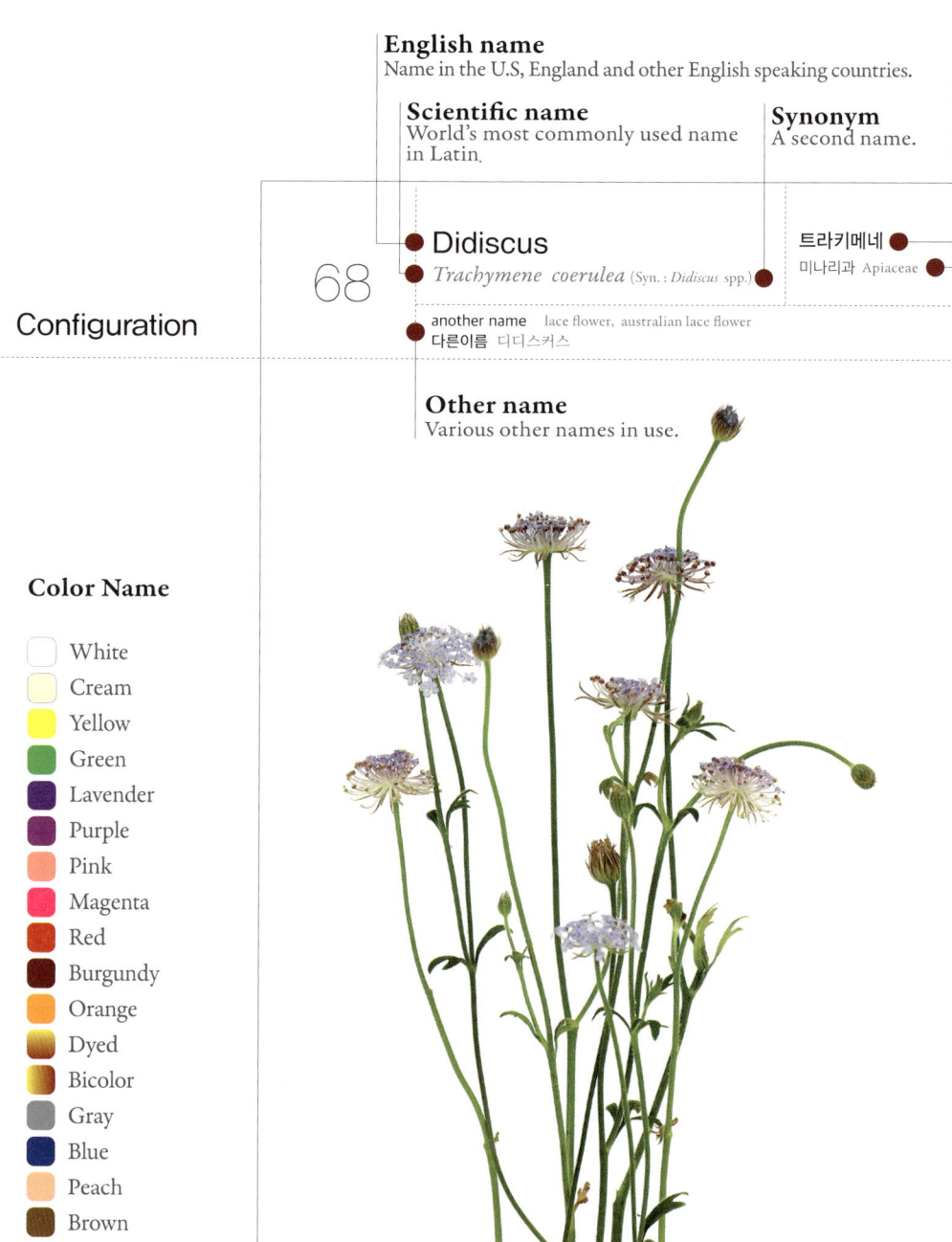

Plant length
Marked with the length of the whole distribution plants.

Plant name in Korea
The most recommended plant name.

Family name
Family name which a plant belongs to ; may differ depending on different classification standands.

It is originated from Australia, Malaysia and New Caledonia. Its stem is thin, and small flowers bloom in circle. Its overall shape is very similar to that of scabiosa. Originally it belonged to the genus 'Didiscus', but it is now renamed 'Didiscus'. In most cases it is called 'Didiscus' in the market.

오스트레일리아, 말레이지아, 뉴칼레도니아와 같은 지역이 원산인 식물로 작은 꽃들이 둥글게 모여서 핀다. 줄기는 가늘고 전체의 형태는 스카비오사와도 매우 흡사하다. 본래는 'Didiscus 속'의 식물이었지만 지금은 'Didiscus'가 이명처리 되었다. 그러나 시중에서 유통될 때는 아직까지 '디디스커스_Didiscus'라는 이름이 사용되 는 경우가 많다.

characteristics & care and handling
Unique characteristics of the plant & special care and handling of the plant including water uptake, flower management, etc.

Shape of the plant
Classification of plants applicable to floral design e.g. 'line flower' , 'mass flower' etc.

Desiccation of the plant
Plants suitable for dried flowers.

Color
Color of the plant being distributed.

Package unit
Unit of a plant package in distribution e.g. a bunch, a stem etc.

Vase Life
Duration of freshness as cut flowers.

30~50 cm | 4~7 days | 1 bunch

꽃의 형태로 찾아보기

01 숙근 스타티스
Limonium

02 스타티스
Statice

03 고사리잎 톱풀
Yarrow

04 서양 톱풀
Cottage Yarrow

05 아게라텀
Ageratum

06 공작초
Spray Aster

07 금잔화
Calendula

08 과꽃
Matsumoto Aster

09 홍화
Safflower

10 센토레아
Cornflower

11 몬타나 센토레아
Cornflower Montana

12 금계국
Golden Wave

13 코스모스
Cosmos

14 골든볼
Craspedia

15 아티초크
Artichoke

16 달리아
Dahlia

17 국화
Chrysanthemum

18 국화(소륜, 스프레이)
Spray Chrysanthemum

19 에키나세아
Purple Coneflower

20 에키놉스
Echinops

 21 서양등골나무 Ageratina	 22 거베라 Gerbera	 23 헬레니움 Helenium	 24 해바라기 Sunflower
 25 만첩 해바라기 Sunflower 'Teddy Bear'	 26 헬리옵시스 Heliopsis	 27 리아트리스 Liatris	 28 라이스 플라워 Rice Flower
 29 로단세 Rhodanthe	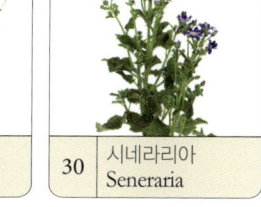 30 시네라리아 Seneraria	 31 솔리다고 Solidago	 32 솔리다스터 Solidaster
 33 아프리칸 매리골드 African Marigold	 34 프랜치 매리골드 French Marigold	 35 탄지 Tansy	 36 밀짚꽃 Straw Flower
 37 백일홍 Zinnia	 38 각시취 Saw-wort	 39 극락조화 Bird of Paradise	 40 부바르디아 Bouvardia

 41 숙근플록스 Phlox	 42 모루셀라 Bells of Ireland	 43 꽃범의 꼬리 Physostegia	 44 맥시칸 부시 세이지 Mexican Bush Sage
 45 보라살비아 Mealy sage	 46 층꽃나무 Nursery Spiraea	 47 모나르다 Monarda	 48 카틀레야 Cattleya
 49 덴드로비움 Dendrobium	 50 덴파레 Dendrobium Orchid	 51 심비디움 Cymbidium Orchids	 52 에피덴드럼 Epidendrum
 53 온시디움 Oncidium	 54 파피오페딜룸 Paphiopedilum	 55 팔레놉시스 Phalaenopsis Orchid	 56 반다 Vanda
 57 모카라 Mokara Orchids	 58 암대극 Euphorbia	 59 왁스플라워 Wax Flower	 60 큰꿩의 비름 Sedum

 61 칼란코에 Kalanchoe	 62 하이페리쿰 Hypericum	 63 레이스 플라워 Laceflower	 64 딜 Dill
 65 오스트란티아 Great Masterwort	 66 버플레움 Bupleurum	 67 에린지움 Eryngium	 68 트라키메네 Didiscus
 69 금꿩의 다리 Gold Meadowrue	 70 투구꽃 Aconitum	 71 아네모네 Anemone	 72 클레마티스 Clematis
 73 락스퍼 Larkspur	 74 벨라도나 델피니움 Delphinium 'Belladonna'	 75 델피니움 Delphinium	 76 니겔라 Nigella
 77 라넌큘러스 Ranunculus	 78 금매화 Trollius	 79 고데티아 Godetia	 80 나리(아시아틱) Asiatic Lily

 81 나리(오리엔탈) Oriental Lily	 82 나팔나리 Easter Lily	 83 튤립 Tulip	 84 노루오줌 Astilbe
 85 부들레야 Summer Lilac	 86 크로코스미아 Crocosmia	 87 프리지아 Freesia	 88 글라디올러스 Gladiolus
 89 범부채 Blackberry Lily	 90 아이리스 Iris	 91 브루니아 Brunia	 92 버질리아 Berzelia
 93 줄맨드라미 Hanging Amaranthus	 94 선줄맨드라미 Amaranthus	 95 맨드라미 Plumed Celosia	 96 맨드라미 Feather Celosia
 97 맨드라미 Celosia	 98 천일홍 Gomphrena	 99 진저 Ginger	 100 쿠르쿠마 Curcuma

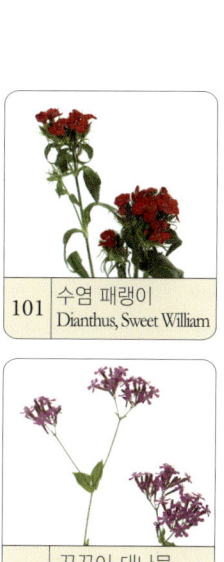

| 101 | 수염 패랭이 Dianthus, Sweet William | 102 | 카네이션 Carnation | 103 | 카네이션(스프레이타입) Miniature Carnation | 104 | 숙근 안개초 Baby's Breath |

| 105 | 끈끈이 대나물 Silene | 106 | 수국 Hydrangea | 107 | 산수국 Mountain Hydrangea | 108 | 아가판서스 Agapanthus |

| 109 | 네아폴리탄 알리움(코와니) Allium 'Neapolitan' | 110 | 알리움 Allium 'gigantium' | 111 | 시쿨룸 알리움 Sicilian honey lily | 112 | 드럼스틱 알리움 Allium 'Drumstick' |

| 113 | 키르탄서스 Cyrtanthus | 114 | 아마릴리스 Amaryllis | 115 | 수선화 Daffodil | 116 | 타제타 수선화 Narcissus |

| 117 | 네리네 Nerine Lily | 118 | 이베리스 Iberis | 119 | 스토크 Stock | 120 | 독일은방울꽃 Lily of the Valley |

121 튜베로즈 Tuberose

122 비비추 Hosta

123 옥잠화 Hosta

124 히아신스 Hyacinth

125 무스카리 Muscari

126 오니소갈룸 Ornithogalum

127 오니소갈룸 Star of Bethlehem

128 썬스타 오니소갈룸 Ornithogalum Sun Star

129 원추리 Daylily

130 트리토마 Kniphofia

131 당아욱 Mallow

132 알스트로메리아 Alstroemeria

133 꽃 양귀비 Poppy

134 유스토마 Eustoma

135 용담초 Gentiana

136 스키미아 Skimmia

137 티젤 Teasel

138 스카비오사 Scabiosa

139 스카비오사 Scabiosa

140 스텔라타 스카비오사 Scabiosa Stellata

 141 붉은 인동 Honeysuckle	 142 불두화 Viburnum	 143 큰까치수염 Lysimachia	 144 작약 Peony
 145 알케밀라 Lady's Mantle	 146 장미(스프레이타입) Miniature Rose	 147 장미 Rose	 148 캥거루 포 Kangaroo Paw
 149 금어초 Snapdragon	 150 캐로네 리오니 Chelone	 151 베로니카 Veronica	 152 안스리움 Anthurium
 153 칼라 Calla Lily	 154 노랑꽃 칼라 Yellow Calla	 155 캄파눌라 글로메라타 Clustered Bellflower	 156 캄파눌라 Campanula
 157 도라지 Korean Bellflower	 158 트라켈리움 Trachelium	 159 글로리오사 Gloriosa Lily	 160 산더소니아 Sandersonia

 161 밥티시아 Baptisia	 162 스위트피 Sweet Pea	 163 루피너스 Lupinus	 164 토끼풀 Clover
 165 구즈마니아 Guzmania	 166 방크시아 프로티아 Banksia Protea	 167 스칼렛 방크시아 Scarlet Banksia	 168 류카덴드론 Leucadendron
 169 핀쿠션 Pincushion Protea	 170 킹 프로테아 Giant Protea	 171 프로테아 Protea	 172 블러싱 브라이드 Blushing Bride
 173 테로페아 Telopea	 174 잎안개 Jewels of Opar	 175 헬리코니아 Heliconia	 176 금관화 Asclepias
 177 잉카르나타 금관화 Asclepias 'Incarnata'	 178 트위디아 Tweedia		

과별로 찾아보기 Family name index

1998년 속씨식물 계통분류 그룹에 의해 발표된 APG 분류 체계는 전체적 기반과 동시에 유전자 3개의 DNA 서열의 계통적 분석 및 현존하는 증거에 기반을 두고 있다. 이 분류 체계는 기존의 과들을 분리하고 또 다른 과들은 타 그룹에 포함시키기도 하여 다소 논쟁적인 부분도 있다. 그러나 이 분류 체계는 2003년에 APG II로, 다시 2009년 APG III로 계승되었으며, 2009년 10월, 린네 학회의 회원들은 APG III 분류 체계와 부합하는 모든 공식적인 계통학적 분류를 제안하였다. APG III 분류 체계는 속씨식물을 분류하는 근대적 식물 분류 체계 중 하나이며, 이 책에서는 이 분류법을 기준으로 '과'와 '속'을 표기하였음을 밝혀둔다.

The APG (Angiosperm Phylogeny Group) classification system, announced by the APG in 1998, is based on existing evidences and on the cladistic analysis of the DNA sequences of three different genes. The system is rather controversial in its decisions of splitting a number of long-established families while submerging some other families. This system, however, was superceded by the APG II in 2003 and by the APG III in 2009. In October 2009, members of the Linnean Society proposed a formal phylogenetic classification system of all land plants which is compatible with the APG III. The APG III is one of modern systems of the angiosperm taxonomy and this book indicates 'family' and 'genus' according to that taxonomy.

갯질경이과 Plumbaginaceae 01~02
국화과 Asteraceae 03~38
극락조화과 Strelitziaceae 39
꼭두서니과 Rubiaceae 40
꽃고비과 Polemoniaceae 41
꿀풀과 Lamiaceae 42~47
난초과 Orchidaceae 48~57
대극과 Euphorbiaceae 58
도금양과 Myrtaceae 59
돌나물과 Crassulaceae 60~61
물레나물과 Hypericaceae 62
미나리과 Apiaceae 63~68
미나리아재비과 Ranunculaceae 69~78
바늘꽃과 Onagraceae 79
백합과 Liliaceae 80~83
범의귀과 Saxifragaceae 84
부들레야과 Buddlejaceae 85
붓꽃과 Iridaceae 86~90
브루니아과 Bruniaceae 91~92
비름과 Amaranthaceae 93~98
생강과 Zingiberaceae 99~100
석죽과 Caryophyllaceae 101~105
수국과 Hydrangeaceae 106~107
수선화과 Amaryllidaceae 108~117
십자화과 Brassicaceae 118~119
아스파라거스과 Asparagaceae 120~128
아스포델라과 Asphodelaceae 129~130
아욱과 Malvaceae 131
알스트로메리아과 Alstroemeriaceae 132
양귀비과 Papaveraceae 133
용담과 Gentianaceae 134~135
운향과 Rutaceae 136
인동과 Caprifoliaceae 137~141
연복초과 Adoxaceae 142
앵초과 Primulaceae 143
작약과 Paeoniaceae 144
장미과 Rosaceae 145~147
지모과 Haemodoraceae 148
질경이과 Plantaginaceae 149~151
천남성과 Araceae 152~154
초롱꽃과 Campanulaceae 155~158
콜키쿰과 Colchicaceae 159~160
콩과 Fabaceae 161~164
파인애플과 Bromeliaceae 165
프로테아과 Proteaceae 166~173
탈리눔과 Talinaceae 174
헬리코니아과 Heliconiaceae 175
협죽도과 Apocynaceae 176~178

01 Limonium
Limonium latifolium

another name misty blue, caspia
다른이름 미스티블루, 카스피아

숙근 스타티스
갯질경이과 Plumbaginaceae

리모니움(Limonium)은 그리스어 'leimon'에서 유래된 말로 'leimon'은 'meadow(초원)'를 의미한다.

The word limonium came from the Greek word, 'leimon', which means meadow.

It's common name, 'misty blue' or 'Caspia' is the perrennial limonium, a horticultural cultivar by interspecies crossing. Perennial limonium has small flowers densely clustered on a flower stem. As it maintains its original form even after dried, it is commonly used as a dried flower. However, special care needs to be paid in the process of drying limonium because the flowers may fall easily. When buying limonium you are recommended to choose flowers with bright color and thick stems while to avoid the flowers easily fall when shaken.

시중에서 흔히 유통되는 이름인 미스티 블루, 카스피아 등은 종간교잡으로 만들어진 원예종 숙근 스타티스들을 말한다. 숙근 스타티스는 작은 꽃들이 꽃자루에 빽빽하게 붙어 있다. 건조한 후에도 형태의 변화가 매우 적어 건조화로도 많이 사용되지만 건조단계에서 꽃들이 떨어지기도 한다. 구매할 때는 색이 선명하고 줄기가 두꺼운 것으로 선택하는 것이 좋으며, 흔들어서 꽃들이 쉽게 떨어지는 것은 구매하지 않는것이 좋다.

40~80 cm

7~14 days

1 bunch

02 Statice
Limonium sinuatum

another name wavyleaf sea-lavender
다른이름 꽃갯질경

스타티스
갯질경이과 Plumbaginaceae

본래는 '스타티스 속'에 속하였으나 현재 '리모니움 속'으로 분류된다. 본래의 속명에서 유래되어 지금까지 스타티스라는 이름으로 부르고 있다.

Originally this flower belonged to the genus of statice, but now it is classified into the genus of limonium. It is known as 'statice' because of its original genus name.

This flower has parchment crispy texture with a variety of hues. It is one of the most popular limoniums and thus most widely circulated in quantity. As varicolored statices are cultivated mostly at the same place, they are usually sold in bunches of mixed color.

They last long because they maintain their form and color after the flower has dried, but the stem gets easily decayed in water. When you put them in a water pail, keep the stems airy by undoing a bundle to prevent mold on leaves or stems.

스타티스는 종이처럼 바스락거리는 질감을 가지고 있으며, 매우 다양한 색상이 재배되고 있다. '리모니움 속' 중에서 유통되는 양이 많고 가장 대중적인 꽃이다. 스타티스는 다양한 색상이 한곳에서 재배되는 경우가 많아서 여러 가지 색상들이 혼합된 상태로 묶여 판매되는 경우가 많다. 꽃은 건조해도 형태와 색의 변화가 거의 없고 절화의 수명도 긴편이지만 줄기가 물에서 쉽게 무르므로 주의가 필요하다. 또한 물통에 담아 관리할 때 단 묶음을 풀어 줄기 사이의 공간을 유지하지 않으면 환기 부족으로 잎이나 줄기에 곰팡이가 피기도 한다.

30~70 cm

7~14 days

1 bunch

03

Yarrow
Achillea filipendulina

고사리잎 톱풀
국화과 Asteraceae

another name achillea, nosebleed, milfoil, fern leaf yarrow
다른이름 노랑 아킬레아, 황화 톱풀, 야로우

Small chrome yellow flowers of this plant bloom in a round shape. Its leaf is highly serrated that it is almost saw-like. Flowers are sold in bundle after most saw-like leaves are removed. They grow tall and their stems are harder than those of yarrow. You have to buy the flowers when they are less bloomy. Special care must be given to water as the stems in water get easily rotten, skinned and stunk. Its ethylene sensitivity is low.

고사리잎 톱풀은 줄기 끝에서 선명한 노란색(Chrome Yellow)의 작은 꽃들이 둥글게 모여 핀다. 잎은 결각이 많아 마치 톱처럼 보이지만 많은 경우 잎을 제거한 상태에서 꽃자루만 묶어 유통된다. 식물체 전체의 키는 서양톱풀(Achillea millefolium)에 비해 매우 길게 자라며, 줄기도 단단하다. 꽃들은 지나치게 개화가 진행되지 않은 상태에서 구매하는 것이 좋으며, 줄기는 물에 쉽게 부패하여 물에 닿은 곳은 표피가 벗겨지고 냄새가 나므로 물 관리에 주의하도록 해야 한다. 에틸렌 민감도는 비교적 낮은 편이다.

40~100 cm

5~10 days

10 stems

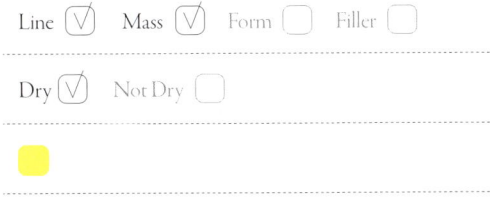

| 04 | **Cottage Yarrow**
Achillea millefolium | 서양 톱풀
국화과 Asteraceae |
|---|---|---|
| | **another name** achillea
다른이름 아킬레아, 톱꽃 | |

Small flowers are clustered at the end of a stem and serrated leaves are saw-like. As different species have different degrees of water uptake, yarrows with thick and strong stems are recommended in purchase. In case of unsmooth water uptake, stems tend to bend at their neck. Therefore you are to often cut off tips of stems to secure their tracheas as well as to keep water clean.

작은 꽃들이 줄기 끝에서 모여 피며, 잎은 결각이 많아 마치 작은 톱처럼 보인다. 품종에 따라 물올림 정도의 차이가 심하므로 줄기가 약간 두껍고 튼튼한 것을 구매하는 것이 좋다. 특히 수분 흡수가 원활하지 못하면 줄기 목굽음 현상이 쉽게 나타나므로 도관 확보를 위해 자주 줄기 끝을 잘라주고 물은 청결하게 관리해야 한다.

30~50 cm

4~6 days

1 bunch

05

Ageratum
Ageratum houstonianum

아게라텀
국화과 Asteraceae

another name floss flower
다른이름 풀솜꽃, 불로화, 아게라툼

The name of 'floss flower' originated from its unique shape. Thready or flossy flowers bloom either in violet or white and triangular leaves are attached along a stem facing each other. Ageratums sold in the flower market are mostly violet and they last relatively short because their stems and leaves are easily decayed. Unless you keep stems untied and ventilative in the water pail, leaves are liable to get rotten or moldy. Previously they were favorites for the Western flower garden, but recently they are rather popular as cut flowers.

줄기를 따라 삼각형 형태의 잎들은 마주 달리고 보라색이나 흰색 계열의 작은 실이나 솜털처럼 보이는 꽃들이 핀다. '풀솜꽃'이라는 이름도 이러한 꽃의 독특한 형태에서 유래하였다. 시중에서 유통되는 아게라텀은 대부분 보라색의 계열이 많으며, 줄기나 잎이 쉽게 부패되어 비교적 수명이 길지 않다. 물통에 꽂아 관리할 때 묶음을 풀어 줄기 사이의 공간을 유지하지 않으면 잎이 부패하거나 곰팡이가 피기도 한다. 본래는 서양의 화단에서 많이 사용하였으나 최근에는 절화용으로도 매우 인기가 높다.

30~60 cm

4~6 days

1 bunch

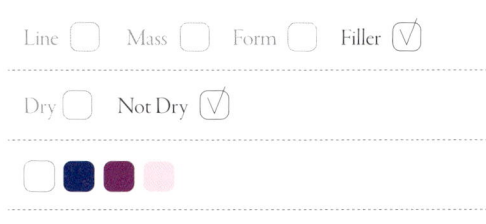

Line ☐   Mass ☐   Form ☐   Filler ☑

Dry ☐   Not Dry ☑

06 Spray Aster
Symphyotrichum novi-belgii (Syn. : *Aster novi-belgii*)

공작초
국화과 Asteraceae

another name monte cassino aster, michaelmas daisy
다른이름 청공작, 백공작, 미국쑥부쟁이, 아스터

본래는 'Aster 속' 이었지만 'Symphyotrichum 속'으로 재분류 되었다.

Originally it belonged to the genus of Aster but later it was reclassified into the genus of Symphyotrichum.

Spray aster forms its inflorescence with innumerous tiny flowers on one stem. As its flowers are tiny, they are often used as fillers. A ligulate flower is usually single-layered on its limbus, but manifolded double flowers are also circulated. Extra attention needs to be paid in using some violet flowers of fluorescent species because they are so distinctive in color that it is difficult to match them with other flowers.

공작초는 하나의 줄기에 작은 꽃들이 수 없이 많이 붙어 전체의 화서를 이루고 있다. 보통의 경우 혀꽃(설상화)은 가장자리에 한 겹으로 구성되어 있지만 여러 겹으로 구성된 겹꽃 형태도 유통되고 있다. 꽃이 작으면서 부피감이 있어 플로랄 디자인을 제작할 때는 주로 빈 공간을 채우는 용도(filler flower)로 많이 사용되고 있다. 보라색의 꽃 중에서는 매우 선명한 형광빛을 띠는 품종도 있으며, 이 경우 지나치게 색감이 강하고 다른 꽃들과 배색이 어려우므로 주의하여야 한다.

40~60 cm

5~7 days

1 bunch

Calendula
Calendula officinalis

another name english marigold, pot marigold
다른이름 금송화

금잔화
국화과 Asteraceae

Its yellow or vivid orange flowers are truly gorgeous. The diameter of the flower is about 5 cm and the stem is rather thick compared to the flower size. Flowers last longer when you remove unnecessary leaves or buds that are too small to bloom. It is tropistic. The original species is single layered with a few ligulate flowers, but cut flowers found in the market are mostly double flower species.

금잔화의 꽃은 노란색이나 선명한 오렌지색으로 약 5cm 내외의 크기로 개화한다. 꽃에 비해 줄기는 비교적 두꺼우며, 잎이 많이 달려 있다. 물올림 할 때 불필요한 잎이나 너무 작아 개화하기 어려운 꽃봉오리들을 제거하면 수분 손실을 줄여 수명을 좀 더 길게 유지할 수 있다. 방향성 식물이며, 본래의 원종은 혀꽃 수가 적은 홑겹이지만 혀꽃이 많은 겹꽃 재배품종이 주로 절화로 유통되고 있다.

30~50 cm

5~7 days

10 stems

08 Matsumoto Aster
Callistephus chinensis

과꽃
국화과 Asteraceae

another name China aster, rainbow aster
다른이름 취국, 당국화

'Callistephus'라는 속명은 그리스어 'kallos_아름다운'와 'stephos_화관'의 합성어로 꽃잎이 둥글게 겹으로 배열된 형태에서 유래되었다.

The family name of 'Callistephus', a compound word of 'Kallos' meaning beautiful and 'Stephos' a corolla, originated from the round bipetalous arrangement.

There are two different floral types; one has ligulate flowers only on its edge and the other up to the center. As the stems in water get easily pulpy and the water readily goes bad, frequent cut of the stems and change of the water are needed. It is desirable to keep the underwater stems particularly clean and airy by undoing bunches in the water pail.

꽃의 형태는 가장자리에만 혀꽃이 있는 것과 중심까지 혀꽃으로 구성된 종류가 있다. 물에 닿는 줄기는 쉽게 무르고 물도 빠르게 부패되므로 자주 줄기를 재절단하고 물도 교체해 주는 것이 좋다. 특히 물에 닿는 부분의 줄기는 깨끗하게 유지하고 묶음을 풀러 공기가 순환될 수 있도록 한 후 물통에 넣도록 한다.

Margaret, the heroine of "Faust" by Goethe, tried to divine her love by taking off petals of this flower one after another, which won it a fame. The Matsumoto aster grew wild in Manchuria and the northern part of the Korean Peninsula, but circa the 18th century it moved to Europe and got improved as it is today. In the U.S. as well as in Japan, different varieties of the flowers are developed and circulated as cut flowers.

괴테의 희곡 '파우스트'에 등장하는 소녀 마가렛이 꽃잎을 떼어가며 사랑을 점치던 꽃으로도 유명하다. 과꽃은 원래 만주지역과 우리나라의 북부에서 자생하던 꽃이었으나 18C 무렵 유럽으로 건너가 지금의 과꽃으로 개량되었다. 미국, 일본 등에서도 절화용 품종들을 개발하여 매우 다양하게 유통되고 있다.

30~60 cm

5~7 days

1 bunch

09 Safflower
Carthamus tinctorius

홍화
국화과 Asteraceae

another name safflor, bastard saffron, carthamus
다른이름 잇꽃

'Carthamus'는 아랍어 'korth-om-염색하다'에서 유래되었다. 예로부터 염료의 재료로 주로 사용되어 붙여진 이름이다.

The word 'Carthamus' came from the Arabic 'Korthjom' meaning 'to dye' as this flower has been used as a dyestuff from the ancient times.

Several distinct orange flowers resembling a thistle bloom on the tip of a whitish stem. As the flowers wilt, their distinct orange gradually changes to darker orange. Some species are yellow. The flowers circulated in Korea are mostly orange, so it is strongly recommended to buy flowers of fresh color. As there is little change in its shape even after dried, they are widely used as dried flowers. Oil can be extracted from the seeds.

백색이 도는 줄기의 끝에 엉겅퀴처럼 생긴 선명한 주황색의 꽃들이 여러 개 달린다. 꽃이 시들면서 주황색은 좀 더 진해진다. 품종에 따라서는 색상이 노란색인 것도 있지만 한국에서 유통되는 꽃은 대부분 주황색이다. 건조하여도 형태 변화가 적어 건조화로 사용하여도 좋으며, 열매에서 오일을 추출하여 사용하기도 한다. 꽃을 구매할 때는 색이 선명한 것을 선택하는 것이 좋다.

In the 12th dynasty of Ancient Egypt, people dyed fabric with this flower and in the tomb of Pharaoh Tutankhamen a garland made of safflowers was found. As the flowers had been used as ornaments or dyestuffs even before the ancient Egyptian era, they have been regarded as one of the oldest crops of the mankind.

고대 이집트 12왕조 시대에는 홍화(잇꽃) 염료로 염색된 직물을 사용하였으며, 파라오 투탕카멘의 무덤에서는 홍화로 만든 갈랜드가 발견되었다. 고대 이집트시대 이전부터 장식용이나 염색용으로 사용되어 왔기 때문에 홍화는 인류의 가장 오래된 작물 중 하나로 취급되고 있다.

30~70 cm

7~10 days

1 bunch

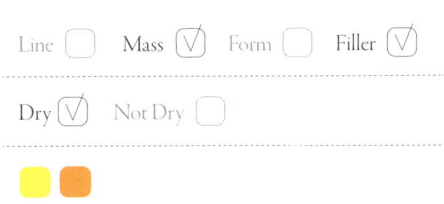

10 Cornflower
Centaurea cyanus

센토레아
국화과 Asteraceae

another name bachelor's button, centaurea, kerria
다른이름 수레국화, 단추꽃, 시차국, 켄타우레아

Though it lasts relatively short and its stem gets easily pulpy, its color is very vivid and beautiful. Flowers are circulated in bundles of mixed color. When water uptake is bad, the stem sometimes bends or breaks under the weight of its flowers. It is the national flower of Germany and Estonia. It has also been used as a blue dyestuff.

꽃의 형태가 수레바퀴처럼 생겨 시중에서는 수레국화라 부르는데 보통의 경우 한 단에 여러 색의 꽃이 혼합된 상태로 유통된다. 수명이 비교적 짧고 줄기도 쉽게 무르는 편이지만 색이 매우 선명하고 아름답다. 물올림이 좋지 못한 경우 줄기가 꽃의 무게를 감당하지 못해 부러지거나 꺾어지기도 한다. 예로부터 청색 염료로 사용되기도 하였으며, 독일과 에스토니아의 국화로도 잘 알려져 있다.

30~50 cm

4~5 days

10 stems

11 Cornflower Montana
Centaurea montana

몬타나 센토레아
국화과 Asteraceae

another name mountain cornflower, perennial cornflower
다른이름 몬타나 켄타우레아, 몬타나 콘플라워

It belongs to centaurea genus, the same genus as cornflower. Though it is similar in shape to cornflower, its stem is thicker and the leaf shape is different too. It is a perennial while the cornflower is an annual. Its circulation period in the market is very short, and so you don't have so much chance to purchase it. Since it is edible, in central Europe, it is treated as a medicinal plant.

수레국화(Centaurea cyanus)와 같은 '센토레아 속' 식물로 형태가 매우 비슷하지만 줄기가 수레국화에 비해 두껍고 잎의 형태도 차이가 있다. 한해살이식물인 수레국화에 비해 이 식물은 여러해살이식물이며, 수명도 약간 길고 형태도 명확한 편이다. 그러나 시장에 유통되는 기간이 매우 짧아 구입할 수 있는 기회가 비교적 적은 편이다. 식용 가능한 식물로 중부유럽에서는 약용식물로 사용되어 왔다.

30~50 cm

4~7 days

10 stems

| 12 | Golden Wave
Coreopsis drummondii | 금계국
국화과 Asteraceae |

another name lance-leaved tickseed
다른이름 공작이국화, 각시꽃

As its shape is very similar to that of a cosmos, it is often mistaken for a yellow cosmos. However, its leaf is quite different in shape and size and it flowers a little earlier than the cosmos. It is not circulated as cut flower much in quantity, but recently in its flowering time cut flowers are found in the market from time to time. As its flower is comparatively bigger than its thin stem, special attention is needed to water uptake by cutting the stems frequently. It is planted mostly in the flower bed, and thus it is often seen on road sides.

형태가 코스모스와 매우 비슷해 노랑코스모스로 많이 오인되는 식물이다. 그러나 잎의 형태나 크기 등이 많이 차이가 나며, 코스모스에 비해 좀 더 이른 시기에 꽃이 개화한다. 절화로 유통되는 양은 많지 않지만 최근에는 개화기에 간혹 유통되는 것을 볼 수 있다. 줄기가 가늘고 그에 비해 꽃이 크기 때문에 자주 줄기를 잘라 물올림에 신경 쓰도록 한다. 대부분 화단용으로 많이 이용되며, 한국의 도로 주변에서도 흔히 볼 수 있는 식물이다.

50~80 cm

3~5 days

1 bunch

| 13 | Cosmos
Cosmos bipinnatus | 코스모스
국화과 Asteraceae |

another name garden cosmos, mexican aster
다른이름 살살이 꽃

A cosmos with a delicate image does not last long, but the shape of its flower and the suppleness of its stem are really attractive so that it is gaining more popularity. A ligulate flower with a single leaf on its edge is usually circulated, but double flower cosmoses with many more ligules are also found in the market. Care should be taken to water uptake as its stem is thin and its flower is pellucid. Special care is also needed to petals as petal damage is conspicuous.

섬세한 이미지의 코스모스는 수명이 길지는 않지만 꽃의 형태나 줄기의 유연함이 매우 아름다워 점차 인기가 높아지고 있다. 보통은 가장자리에만 혀꽃이 있는 홑겹이 유통되지만 혀꽃이 훨씬 많은 겹꽃 형태의 코스모스도 유통되고 있다. 줄기가 가늘고 꽃이 투명하여 물올림에 유의하여야 하며, 꽃잎이 훼손되면 쉽게 두드러지므로 유통단계나 핸들링 과정에서 조심스럽게 다루어야 한다.

40~50 cm

3~5 days

1 bunch

14 Craspedia
Craspedia globosa

골든볼
국화과 Asteraceae

another name billy button, billy balls, globe yarrow
다른이름 크라스페디아

골든볼(Craspedia)이라는 이름은 줄기의 끝에 둥근 형태의 공처럼 꽃이 달려 그리스어 'Kraspedon(가장자리의)'에서 유래되었다.

The name 'Craspedia' came from the Greek word 'Kraspedon(of the edge)' as the global flower blooms on the edge of its stem.

Tiny flowers cluster into a global shape and its stem is thin and long. It is called 'a golden ball' because the inflorescence looks like a golden ball. It is frequently used for floral design because its shape is very unique. The stem is somewhat hard and its water uptake is relatively good. For this reason, if you often cut off the stems and keep water clean, its freshness sustains for quite some time. Its ethylene sensitivity is low.

작은 꽃들이 모여 하나의 둥근 공의 형태를 이루고 있으며, 줄기는 가늘고 길다. 전체의 형태가 마치 황금색 공처럼 보여 '골든볼'이라 부르며, 독특한 형태로 인하여 디자인에 다양하게 활용된다. 줄기는 비교적 단단하고 물올림도 좋은 편이어서 줄기를 정기적으로 재절단하고 물을 청결하게 관리하면 꽤 오랫동안 신선도를 유지할 수 있다. 에틸렌 민감도는 낮은 편이다.

40~60 cm

7~12 days

10 stems

| 15 | **Artichoke** *Cynara cardunculus* (Syn. : *Cynara scolymus*) | 아티초크 국화과 Asteraceae |

another name globe artichoke, cynara
다른이름 키나라

Green thick involucres wrap the brim of the flower. Artichokes sold for food are reaped before central violet flowers come out, while those for floral design are culled and circulated after the flowers bloom. Their stems are very thick and the leaves are very big. Two types of cut flowers are circulated; a small species with the diameter of about 10cm and a big ones of about 20cm. They are also used as dried flowers as they maintain the original shape of their involucre even after dried, which gives a very peculiar image.

녹색의 두꺼운 총포가 꽃 가장자리를 감싸고 있다. 식용하는 것은 중심의 보라색 꽃이 개화하기 전에 수확하며, 꽃꽂이용은 개화 전후에 모두 채화하여 유통된다. 줄기는 매우 두껍고 꽃송이나 잎도 큰 편이다. 절화로 유통되는 것은 꽃송이가 약 10cm 내외의 작은 품종과 약 20cm 내외의 큰 품종이 있다. 건조하면 총포의 형태가 그대로 유지되어 독특한 이미지를 주므로 건조하여 사용하기도 한다.

30~80 cm

10~14 days

1 stem

| 16 | # Dahlia
Dahlia hybrids | 달리아
국화과 Asteraceae |

another name georginas
다른이름 다알리아

The shape, color and size of the flower are various. The size of the flower ranges greatly from a small one of 5cm to a big one of about 30cm in diameter. As a big flower species discharges water more readily than a small ones, care must be taken to its water uptake. Lower part of the stem is empty inside while the stem part close to the flower is dense. The stem in water tends to get pulpy and rotten, so water must be maintained clean. Its ethylene sensitivity is rather low.

형태와 색이 매우 다양하며. 꽃의 크기도 작은 것은 지름이 5cm 내외의 것에서 부터 큰 것은 약 30cm 내외에 이르기까지 차이가 심하다. 작은 크기의 품종에 비해 꽃이 큰 종은 쉽게 물내림을 겪게 되므로 물올림과 관리에 유의하여야 한다. 달리아의 줄기는 꽃송이와 가까운 곳은 거의 비어있지 않지만 뿌리와 가까울수록 공간이 크게 비어 있다. 줄기가 물에 쉽게 무르고 부패되므로 물관리에 특히 주의하는 것이 좋다. 에틸렌에 대한 민감도는 낮은 편이다.

30~60 cm

4~7 days

5&10 stems

17 Chrysanthemum
Chrysanthemum morifolium
(Syn. : *Dendranthema grandiflorum*)

국화
국화과 Asteraceae

another name mums, fugi or snowflake mum
다른이름 대국, 대륜국화

국화(Chrysanthemum)는 그리스어에서 유래된 말로 '황금꽃(Gold Flower)'을 의미한다.

Chrysanthemum originated from a Greek word with the meaning of 'gold flower' in English.

Chrysanthemum originated from a Greek word meaning 'gold flower'. A big and round flower blooms on the tip of each stem. White chrysanthemums, popular for funeral designs, are circulated by the bundle of 20 flowers. On the other hand, other colors are sold by the bundle of five flowers. In many cases, the leaves wilt before the flowers. When the stems are too hard, water uptake may not be so smooth. In this case, for the smooth water uptake, you may break the stems with your hands instead of cutting them with scissors, so that the ends of the stems split up for easy water uptake.

하나의 줄기에 하나의 큰 꽃송이가 핀다. 한국에서 장례용으로 많이 사용하는 흰색의 경우 20대씩 묶여 유통되지만 기타의 다른 색상은 대부분 5대가 한단이다. 꽃에 비해 잎이 먼저 시드는 경우가 많으며, 줄기가 단단한 경우 물올림이 잘 안 되는 경우도 있다. 원활한 물올림을 위해 줄기는 가위로 자르는 것보다 손으로 꺾어 줄기 끝이 찢어지도록 하여 물올림 하는 것도 좋다.

The time of its introduction into Korea is not clear, but 'Yang Hwa So Rok(양화소록)' written by Kang Hee-An in the reign of King Sejong of the Chosun Dynasty says that the flower was sent to King Chungsuk of the Korea Kingdom by a Chinese emperor. The documents in the period of Koryo also show that on the 9th of September chrysanthemum wine was made, which confirms the time of its introduction into Korea.

국화가 우리나라에 전해진 정확한 시기는 알 수 없지만 조선 세종 때의 문인 강희안의 〈양화소록〉의 기록에 의하면 고려 충숙왕 때에 중국의 천자가 보낸 것으로 기록되어 있다. 고려시대의 자료들을 살펴보아도 9월 9일 국화주를 담아 먹었다는 것을 알 수 있으니, 고려시대 무렵 이미 우리나라에 전래된 것으로 보인다.

Line ☐ Mass ✓ Form ✓ Filler ☐

Dry ☐ Not Dry ✓

50~100 cm

10~21 days

🇺🇸 10 stems
🇰🇷 5&20 stems

18 Spray Chrysanthemum
Chrysanthemum morifolium

국화(소륜, 스프레이)
국화과 Asteraceae

another name pray chrysanthemum
다른이름 소국, 소륜국화

Various shape and color of this flower are circulated. Several small spray flowers bloom on a stem. Many different varieties including mono color flower species as well as multi color species are circulated. In water, stems get pulpy so it is advisable to keep the water level in a pail as low as possible. For easy water uptake, leaves below the water line should be eliminated

하나의 줄기에 여러 개의 작은 꽃들이 스프레이 형태로 달리며, 색상과 형태가 매우 다양하게 유통되고 있다. 한국에서는 가을철에서 겨울철까지 많이 사용되었으나 최근에는 계절과 상관없이 연중 사용도가 높은 편이다. 하나의 색으로 이루어진 꽃송이부터 두 가지 이상의 색이 하나의 꽃송이를 이루는 종류에 이르기까지 변화가 매우 많다. 물에 닿는 줄기 부분은 무르게 되므로 물통에 보관할 때는 물을 너무 많이 담지 않는 것이 좋으며, 줄기의 아랫부분은 잎을 깨끗하게 제거한 후 물올림 하도록 한다.

In Korea, Chrysanthemum blooms are devided into 3 different sizes: large, medium and small. The large one is over 18cm in fully bloom, the medium one is over 9cm and the small one under 9cm. Small chrysanthemums are cultivated and circulated mostly in a spray type.

한국에서 국화는 꽃송이의 크기에 따라 대륜, 중륜, 소륜으로 구분한다. 대륜은 완전히 개화한 꽃송이의 크기가 18cm 이상인 것, 중륜은 9cm 이상인 것, 소륜은 그 이하인 것으로 구분한다. 소륜의 경우 대부분 스프레이 타입으로 재배되어 유통되고 있다.

40~100 cm

10~14 days

1 bunch

Line ☐ Mass ☑ Form ☐ Filler ☑

Dry ☐ Not Dry ☑

19 Purple Coneflower
Echinacea purpurea (Syn. : *Rudbeckia purpurea*)

에키나세아
국화과 Asteraceae

another name echinacea, pink rudbeckia
다른이름 호안, 핑크 루드베키아(잘못 부르는 이름)

에키나세아(Echinacea)의 이명인 'Rudbecia'는 스웨덴의 식물학자로 알려진 'Olaus Rudbeck'의 이름을 따서 이명법으로 유명한 'Carl von Linnaeus'가 붙인 이름이다.

'Rudbecia', synonym of Echinacea, was coined by Carl Linnaeus, a binominal nomenclature expert. It was named after Olaud Rudbeck, a Swedish botanist.

Echinacea comes in two different species ; one with brown color on its coronal flower (a gamopetalous flower) in the center and the other with green color. In general, flowers with ligules on the edge are circulated, but in some cases global shaped flowers without ligules are also circulated. In the latter case, the flower is called 'a tiger eye' due to the resemblance. The stem is empty inside and so water uptake is very facile. However, if it is kept in a very humid place the round gamo-petalous part in the center is liable to get moldy.

에키나세아는 중심부의 관상화(통꽃) 부분이 브라운색인 것과 녹색인 것이 있다. 가장자리의 설상화(혀꽃)가 붙어 있는 상태로 유통되기도 하지만 가장자리의 설상화(혀꽃)를 제거한 후 둥근 공처럼 생긴 형태로 유통하는 경우도 있다. 이 경우 마치 호랑이의 눈처럼 생겼다고 하여 혀꽃이 제거된 상태로 유통되는 것은 '호안(호랑이 눈)'이라 부르기도 한다. 줄기는 속이 비어 있으며, 물올림은 잘 되는 편이다. 그러나 너무 습도가 높은 곳에서 보관하면 중심부의 둥근 통꽃 부분에 곰팡이가 피기도 하므로 주의하여야 한다.

| 20 | # Echinops
Echinops bannaticus | 에키높스
국화과 Asteraceae |

another name blue glow, globe thistle
다른이름 절굿대

At the end of the stem, a cluster of tiny flowers which resembles a thistle blooms. The whitish stem is relatively hard and remains in its original shape even after dried. It lasts long with its smooth water uptake. Mold on either a stalk or a flower can be prevented only when the bundle is untied for good ventilation in a water pail.

줄기 끝에 공처럼 작은 꽃들이 모여 피는 것이 엉겅퀴와 형태가 매우 비슷하다. 흰색이 도는 줄기는 비교적 단단하고 건조한 후에도 형태가 잘 유지된다. 절화 상태로도 수명은 긴 편이며 물올림도 원활하다. 하지만 환기가 잘 되도록 단을 풀어 물통에 담아 두어야 줄기나 꽃에 곰팡이가 피는 것을 막을 수 있다.

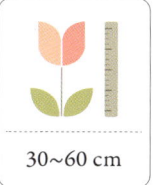
30~60 cm

5~7 days

1 bunch

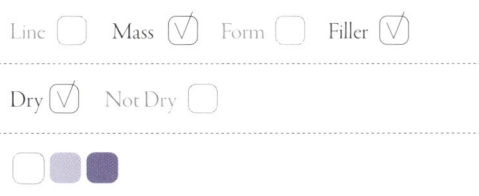

| 21 | # Ageratina
Ageratina altissima | 서양등골나무
국화과 Asteraceae |
|---|---|---|

another name white snakeroot, tall boneset
다른이름 미국 등골나물

These North American plants being naturalized in Korean soil can be easily seen in the fields and mountains near Seoul. Improved breed is often cultivated for circulation. Thready flowers bloom at the end of the stem. In case of bad water uptake, short flower peduncles at the tip of a stem bend and wilt. Sometimes about 70cm long Asteraceaes are circulated. However, when stems are too long, they are subject to easy water discharge. In this case, you need to cut off unnecessary part of the stem for better water uptake. Water always should be kept clean and every water change must go with the recutting of the stems.

서양등골나무는 북아메리카 원산의 귀화식물로 우리나라 서울 인근의 산과 들에서도 쉽게 볼 수 있으며, 개량된 재배종이 유통되기도 한다. 흰색의 가늘고 실처럼 생긴 꽃들이 줄기 끝에서 모여 피는데, 절화의 경우 물올림이 좋지 않으면 꽃자루들이 휘어지며 시들기 때문에 주의해야 한다. 일반적으로는 50cm 정도로 유통되지만 간혹 70cm 정도로 길게 유통되기도 하는데 지나치게 길면 쉽게 물내림을 겪기도 하므로 불필요한 길이는 제거하고 물올림 하는 것이 좋다. 물은 항상 청결하게 유지하고 물을 교체할 때마다 줄기는 재절단 하도록 한다.

30~70 cm

3~6 days

1 bunch

Line ☐ Mass ☐ Form ☐ Filler ☑

Dry ☐ Not Dry ☑

| 22 | **Gerbera** *Gerbera jamesonii* spp. | 거베라 국화과 Asteraceae |

another name   transvaal daisy, African daisy
다른이름   아프리칸 데이지

Gerbera is very attractive with its gentle curly stem. However, the stem is fairly fragile as it is mostly empty inside, except some part near the flower. The part of the stem adjacent to the flower is relatively crushable. Therefore, careful handling is needed. In Korea, Gerbera is circulated with wire and floral tape treatment because it is often used for the easel spray. When it is used for designs other than easel spray, Gerbera minus wire and floral tape looks more natural. As its stem gets easily pulpy, frequent change of water is necessary. In particular, when it is kept in ill ventilated place, the center part of a flower gets moldy.

유연한 곡선의 줄기가 매력적인 거베라는 꽃과 가까운 일부분을 제외한 나머지 줄기의 속이 비어 있기 때문에 눌리면 쉽게 손상된다. 꽃 바로 아래의 부분도 비교적 잘 부러지므로 다룰 때 주의하도록 해야 한다. 한국에서는 철사와 플로랄 테이프로 고정한 상태로 유통되는데, 화환용으로의 사용이 많기 때문이다. 그러나 화환을 제외한 다른 디자인의 경우 철사와 플로랄 테이프는 제거한 후 사용하는 것이 더욱 자연스럽다. 줄기는 물에 약해 쉽게 무르는 편이므로 물은 항상 깨끗하게 관리하고 줄기도 재절단 해 주는 것이 좋다. 특히 환기가 잘 되지 않는 장소에 보관할 경우 꽃의 중심부분에 곰팡이가 피기도 한다.

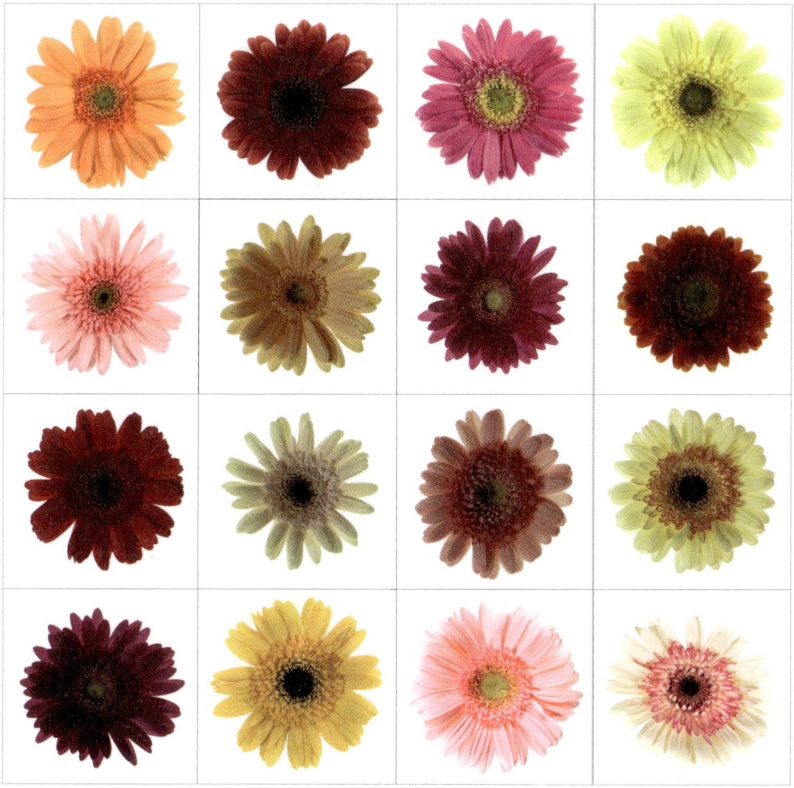

40~80 cm

5~7 days

10 stems

Line ☐ Mass ☑ Form ☑ Filler ☐

Dry ☐ Not Dry ☑

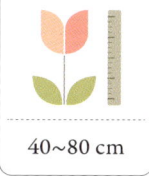

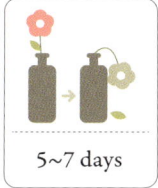

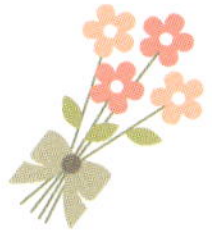

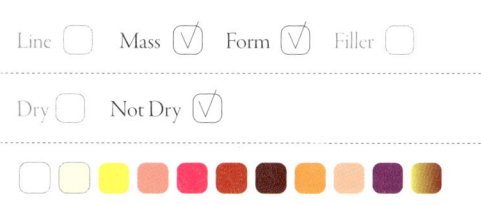

23 Helenium
Helenium autumnale

헬레니움
국화과 Asteraceae

another name yellow dicks, Helen's flower
다른이름 재채기풀

This beautiful and vivid color flower looks similar to cosmos but it has several small flowers on one stem. Various breeds of this flower include mono color of yellow or orange and mixed color. Its circulation period is very short, but it lasts much longer than cosmos. Its stem is hard, so water management for this flower is relatively easy. Some differences exist depending on breeds, but in general the lingulate flower bends backward in full bloom.

코스모스와 비슷한 형태의 꽃은 색이 선명하고 아름다우며, 하나의 줄기에 여러 송이의 작은 꽃들이 개화한다. 노랑이나 주황색처럼 하나의 색으로 구성된 것과 부분적으로 다른 색이 첨가된 것처럼 종이 다양한 편이다. 수명은 코스모스에 비해 길고 줄기도 다소 단단하며, 물 관리도 비교적 쉬운 편이다. 종에 따라 다소 차이는 있지만 꽃이 개화된 후 가장자리 혀꽃은 뒤로 젖혀지기도 한다.

30~60 cm

5~7 days

1 bunch

Line ( )   Mass (V)   Form ( )   Filler (V)

Dry ( )   Not Dry (V)

24 Sunflower
Helianthus annuus

해바라기
국화과 Asteraceae

another name helianthus
다른이름 향일화, 산자연, 조일화

해바라기(Helianthus)는 그리스어의 'helios(해)'와 'anthos(꽃)'의 합성어이다. 해바라기는 해를 따라 도는 것으로 사람들이 오인하는데, 여러 나라의 신화에서도 쉽게 찾아볼 수 있다. '해바라기'라는 이름 역시 같은 의미의 중국 이름인 '향일규(向日葵)'를 번역한데서 유래하였다.

Helianthus is a Greek compound word of 'helios(sun)' and 'anthos(flower)'. People understand that Helianthus always faces its head toward the sun and such a story can be easily found in myths of many countries. 'Haebaragi(해바라기)' in Korean is translated from Chinese 'hyangilgyu(向日葵)'.

This flower is very familiar to us and many different breeds including blackish brown flowers are being circulated. Recently the color of a gamopetalous flower at the center varies from brown to green. Some of its flower heads are as big as men's heads, but the smallest one is about 5cm in diameter. However, big flowers over 30cm are not suitable for floral design so that they are mostly planted in a flower bed. It is advisable to remove large leaves, except two or three on the upper part of a stem, for better water uptake and for prevention of water loss.

해바라기는 한국인에게 매우 친숙한 꽃으로 다양한 품종이 유통되고 있다. 최근에는 중심부에 있는 관상화(통꽃)들의 색이 브라운에서 녹색에 이르기까지 매우 다양해 졌으며, 설상화(혀꽃)를 포함한 전체 꽃 색 역시 매우 다양하다. 꽃송이의 전체의 크기는 사람 머리만큼 큰 것도 있지만 작은 것은 5cm 내외로 매우 다양하다. 그러나 30cm 이상의 크기는 꽃꽂이용으로 적합하지 않아 대부분 화단용으로 사용한다. 물올림 할 때는 해바라기의 넓은 잎으로 인한 수분손실을 막기 위해 가장 위의 2~3개 정도만 남기고 제거하는 것이 좋다.

50~100 cm

7~10 days

5 & 10 stems

25 | **Sunflower 'Teddy Bear'** | 만첩 해바라기
Helianthus annuus var. *californicus* | 국화과 Asteraceae

another name dwarf sungold
다른이름 겹꽃 해바라기

It is called so because its shape resembles a teddy bear. Quite different from an ordinary sunflower with a lingulate flower in the edge, it has lingulate flowers even to the center and this makes it look double flowered as a whole. Very abundant and flourishy but its circulation time is short. Its water uptake is relatively good. However, as its stem gets easily pulpy in water, it needs to be kept in shallow water and frequent cutting of its stem is necessary.

해바라기의 형태가 '테디 베어(Teddy bear)'와 닮아 있어 '테디 베어 해바라기'라 부르기도 한다. 가장자리에만 혀꽃이 있는 보통의 해바라기와는 전혀 다른 형태로 중심부까지 혀꽃이 있어 전체가 겹꽃으로 보인다. 매우 풍성하고 화려하지만 시장에 유통되는 시기는 길지 않다. 물올림은 비교적 원활한 편이지만 줄기가 물에 쉽게 무르기 때문에 보관할 때는 깊은 물에 담아 두지 말고 줄기를 자주 잘라주는 것이 좋다.

 50~100 cm

 7~10 days

 5 stems

26 | # Heliopsis
Heliopsis helianthoides

헬리옵시스
국화과 Asteraceae

another name false sunflower, smooth oxeye
다른이름 하늘바라기

Though it looks like a mini species of a sunflower, it belongs to a quite different genus. The sunflower has a thick stem but the heliopsis has several thin stems. Its water uptake is good, but it wilts rapidly or suffers from neck bending when it undergoes dehydration. Hence care should be given to water uptake. During the processing of the flower, unnecessary leaves have to be removed as many as possible. Height of the flower differs depending on its species. Some grow up to 150cm in its native habitat, but in Korea 50cm long ones are sold in the market.

작은 크기의 해바라기처럼 보이지만 전혀 다른 '속'의 식물이다. 해바라기는 두껍고 단단하지 못한 줄기를 가지고 있지만 헬리옵시스는 단단하면서 가는 줄기가 여러 개로 갈라진다. 물올림은 좋은 편이지만 수분 공급이 원활하지 못하여 탈수현상을 겪게 되면 빠른 속도로 시들거나 꽃목굽음 현상이 발생된다. 손질 단계에서 불필요한 잎은 최대한 제거해 준 후 물올림 하는 것이 좋다. 종에 따라 다소 차이는 있지만 원산지에서는 150cm 정도까지 크게 자라기도 한다. 그러나 한국에서는 보통 50cm 내외로 유통되고 있다.

40~70 cm

5~7 days

1 bunch

27 Liatris
Liatris spicata

리아트리스
국화과 Asteraceae

another name dense blazing star, prairie gay feather, purple poker
다른이름 기린 리아트리스

Liatris has inflorescence of florets from top to bottom and as a whole it looks like a round stick with tassels at the top. Several small clusters of sympetalous flowers(tubular flower) surround an involucel. At the first water uptake, lukewarm water is favorable and leaves under the water level should be removed. As its stems and leaves tend to be spoiled easily in water, special care is needed to keep the water clean. Before you put the plant in the water, tie-downs or rubber bands on the stems must be removed. Otherwise, stems around tie-downs and leaves between stems get dark and rotten.

작은 꽃들이 위에서부터 아래로 피어 내려가는 리아트리스는 전체의 형태가 둥근 막대처럼 보이기도 한다. 꽃이 피면 꽃줄기에 마치 작은 술들이 달린 것처럼 보이며 작은 통꽃(관상화) 여러 송이가 하나의 총포에 둘러싸여 있다. 처음 물올림을 할 때는 줄기 아랫부분의 잎을 깨끗하게 제거한 후 되도록 미지근한 물을 사용하는 것이 좋으며, 줄기나 잎은 물에 쉽게 부패되므로 물 관리에 주의하도록 한다. 단을 고정한 끈이나 고무줄을 제거한 후 물올림 하지 않으면 고정 끈 주변의 줄기나 사이의 잎이 검은색으로 변하고 쉽게 부패된다.

60~100 cm

7~10 days

10 stems

| 28 | **Rice Flower**
Ozothamnus diosmifolius (Syn. : *Helichrysum diosmifolium*) | 라이스 플라워
국화과 Asteraceae |

another name white dogwood, sago bush
다른이름 밥꽃풀

It is called rice flower because its florets look like rice. Thin and small needle-like leaves tend to fall easily from the stem. In the dry place the flowers are liable to wilt rapidly and their necks bend very soon. Though produced in Korea, imported flowers are sold at a relatively high price. Due to their unique texture, they are used for various purposes.

작은 꽃들이 마치 쌀알처럼 보여 라이스 플라워라는 이름으로 부른다. 건조되면 꽃들은 형태가 잘 유지되는 반면 가늘고 작은 솔잎처럼 생긴 잎들은 쉽게 줄기에서 떨어진다. 지나치게 건조한 장소에서는 쉽게 시들거나 꽃목굽음 현상도 잘 나타나는 편이다. 국내에서 생산되기도 하지만 수입되어 유통되는 경우가 많아 비교적 비싼 가격에 판매되고 있다. 하지만 질감이 매우 독특하여, 다양한 용도로 사용되고 있다.

30~60 cm

5~7 days

1 bunch

29

Rhodanthe
Rhodanthe anthemoides

로단세
국화과 Asteraceae

another name swan river everlasting
다른이름 로단테, 종이꽃

Its petals are lucid and papery in texture. They are fit as dried materials, because the flowers remain almost the same in color and form even after dried. In water, the stems as well as leaves get easily pulpy or rotten. Therefore it is advisable to untie rubber bands and keep them airy. As the stem is thin, the neck tends to bend when it gets wilted. If you want to use it as a dried flower, it is recommended to hang it upside down and dry in a well-ventilated place. Once dried the original color stays unchanged longer than a year, though undried flowers don't last long.

로단세는 꽃잎의 질감이 매우 투명하며 종이처럼 바스락거린다. 건조된 후에도 꽃의 색이나 형태가 거의 변하지 않아 건조소재로 사용해도 좋다. 그러나 오히려 물에 꽂아두면 줄기나 잎이 쉽게 무르고 부패되므로 고정을 위한 끈은 풀어 통기성을 높여주는 것이 좋다. 줄기가 가늘어 시들면 꽃목굽음 현상이 쉽게 발생된다. 건조시켜 사용하고 싶다면 거꾸로 매달아 그늘의 환기가 잘되는 곳에서 자연 건조시키는 것이 좋다. 건조되지 않은 것은 수명이 길지 않지만 일단 건조된 후에는 일 년 이상 색이 유지된다.

30~60 cm

5~7 days

1 bunch

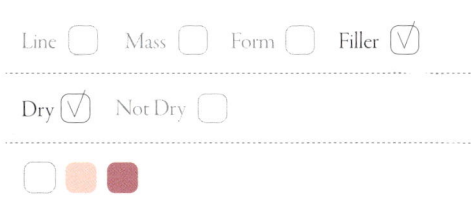

30

Seneraria
Pericallis x hybrida (Syn. : *Senecio cruentus*)

시네라리아
국화과 Asteraceae

another name cineraria, florist's cineraria
다른이름 페리칼리스

Pericallis cruenta와 P. lanata의 종간교잡종으로 본래는 'Senecio 속'에 속하였으나 'Pericallis 속'으로 재분류 되었다.

Interspecific hybrid of Pericallis cruenta and P. lanata. It originally belonged to the 'Senecio' genus, but later was reclassified into 'Pericallis.

Though popular as pot flowers in the spring garden, cut flowers with long stems are being sold for floral designs recently. Flowers and their colors are very different depending on species. As stems and leaves get easily pulpy, any foliage that falls below the water line should be completely removed and frequent water change is advisable.

봄 화단용으로 많이 사용되는 분화이지만 최근에는 키가 큰 품종을 잘라 꽃꽂이용으로도 유통되고 있다. 색상이 매우 다양하고 종에 따라 꽃의 차이도 심한 편이다. 줄기와 잎이 잘 무르는 편이므로 물에 닿는 부분의 잎은 깨끗하게 제거한 후 물올림 해야 하며, 물도 자주 교체해 주는 것이 좋다.

20~40 cm

4~7 days

1 bunch

31

Solidago
Solidago serotina (Syn. : *Solidago gigantea*)

솔리다고
국화과 Asteraceae

another name goldenrod, serotina
다른이름 미국미역취, 서양미역취, 기린초(잘못 부르는 이름)

This plant is commonly called by its generic name, solidago. However, in Korean flower market it is called a stonecrop. Originally a stonecrop is a plant of a sedum family. Solidago looks similar to a stonecrop in that yellow florets bloom densely along the stem, but the shape is quite different. In case of poor water uptake, small flower stems at the end of panicles wilt first. In this regard, special care is needed.

시중에서 '기린초'라고 부르지만 우리나라의 국명은 '미국미역취'이므로 국명을 부르거나 속명인 '솔리다고'라 부르는 것이 옳다. 본래 기린초는 돌나물과의 다른 식물을 지칭하는 말로 작은 노란색의 꽃들이 꽃줄기를 따라 다닥다닥 붙어서 피는 것은 비슷하지만 형태는 전혀 다르다. 솔리다고는 물올림이 좋지 않을 경우 원추화서 끝부분의 작은 꽃자루들이 먼저 시드는 경우가 많으므로 주의하도록 한다.

40~120 cm

5~10 days

1 bunch

32 Solidaster
Solidaster luteus

솔리다스터
국화과 Asteraceae

another name golden solidaster
다른이름

It is called so because it is an intergeneric hybrid of solidago and aster. It is often used as a filler flower. When bloomed, its flower looks like a starlet. Removing unnecessary leaves on the stems under water helps the flowers last longer. Flowers with thick stems are recommendable as flowers with thin stems are less likely to bloom and more likely to wilt quickly. Adding a floral food to water would accelerate water uptake. Its ethylene sensitivity is low.

솔리다고(Solidago)와 아스터(Aster)의 속간 교잡종이라 솔리다스터라 부른다. 플로랄 디자인을 제작할 때는 공간을 채우는 용도(filler)로 많이 사용되는데 꽃이 피면 작은 별처럼 보인다. 물올림 할 때 불필요한 잎은 되도록 제거해주는 것이 수명연장에 도움이 되며, 구매할 때는 꽃자루와 줄기가 두꺼운 것을 선택하는 것이 좋다. 줄기가 지나치게 가는 것은 잘 개화하지 않고 쉽게 시드는 경우가 많으므로 주의하도록 해야 하며, 물올림하는 물에 아주 소량의 표백제나 수명연장제를 함께 넣어주는 것이 효과적이다. 에틸렌 민감도는 낮다.

30~70 cm

5~10 days

1 bunch

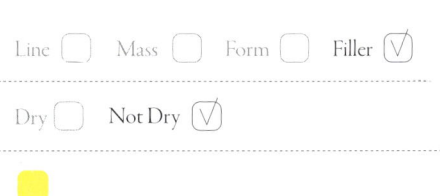

African Marigold
Tagetes erecta

아프리칸 매리골드
국화과 Asteraceae

another name marigold, tagetes
다른이름 만수국, 매리골드, 전륜화

African marigold is fragile. Its flower doesn't last long because the stem with a big flower on it is empty inside. As it has rich and unique scent, it is advisable not to use it in inadequate situation However, its flower is beautiful and voluminous.

아프리칸 매리골드는 꽃의 크기에 비해 줄기가 가늘고 속이 비어있어 쉽게 부러진다. 꽃의 수명도 길지 않으면서 독특한 향이 있어 식사용 테이블과 같이 적당하지 못한 장소에서는 사용을 자재하는 것이 좋다. 꽃은 매우 화려하고 아름다우며 부피감도 크다.

30~60 cm

4~6 days

1 bunch

34 French Marigold
Tagetes patula

프랜치 매리골드
국화과 Asteraceae

another name marigold, tagetes
다른이름 공작초, 천수국

In comparison to African marigold, this plant has smaller and less ligulate flowers. The overall shape of inflorescence of African marigold is almost like a sphere while that of French marigold is similar to a semi-sphere. Stem-breaking of French marigold is less frequent than African marigold.

아프리칸 매리골드에 비해 대체로 꽃의 크기나 혀꽃의 수가 작게 구성되어 있다. 꽃이 피는 전체의 형태도 아프리칸 매리골드는 둥근 '구'에 가깝지만 프렌치 매리골드는 '반구형'을 이룬다. 그러나 줄기의 부러짐은 아프리칸 매리골드에 비해 적은 편이다.

30~60 cm

4~6 days

1 bunch

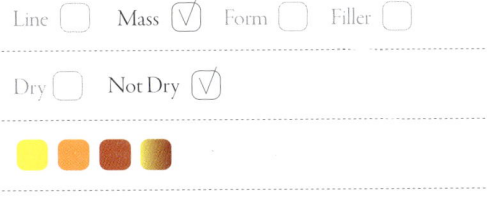

| 35 | **Tansy** *Tanacetum vulgare* | 탄지 국화과 Asteraceae |

another name bitter buttons, golden buttons, button yarrow
다른이름 아타나시아(athanasia)

Tansy, a herb once widely used in Europe, is a fairly tall plant. However, its button-like flowers are very tiny. Its leaves are thinly forked and in many cases flowers are sold without leaves attached. As it is not cultivated for the purpose of cut flowers, only small quantity of the plant is found in the market for a short period of time. Because of its special scent, dried leaves or flowers are used for potpourri.

유럽에서 많이 사용하던 허브로 식물체 전체의 키는 매우 크지만 꽃은 작은 단추처럼 달린다. 잎은 가늘게 갈라져 있으며 시중에 유통될 때는 잎 없이 꽃 부분만 잘라 유통되는 경우가 많다. 절화용을 목적으로 재배되지는 않아 시중에 유통되는 기간은 매우 짧은 편이며, 출하되는 양도 매우 적다. 독특한 향이 있어 건조시킨 잎이나 꽃을 포푸리로 만들거나 염료로 사용하기도 한다.

30~100 cm

5~7 days

1 bunch

36 Straw Flower
Xerochrysum bracteatum (Syn. : *Helichrysum bracteatum*)

another name helichrysum
다른이름 헬리크리섬, 종이꽃, 바스래기꽃

밀짚꽃
국화과 Asteraceae

It is very similar to Rodanthe in that its petals are rustling like paper. However, its color and shape is stronger than Rodanthe, and the color and shape of the plant don't change much even when dried. On the contrary, the plant don't last long in water because the stems get pulpy easily. Unlike Asteraceae, it only has sympetalous flowers and its involucres look like ligulate flowers.

꽃잎이 종이처럼 바스락거리는 것은 로단세와 매우 비슷하지만 로단세에 비해 색이나 형태가 좀 더 강한 편이다. 줄기는 약간 두꺼우며 건조해도 꽃의 색이나 형태의 변화가 거의 없다. 독특한 것은 일반적인 국화과와는 다르게 통꽃만 있고 혀꽃 없이 총포조각들이 마치 혀꽃처럼 보인다. 건조시키면 오랫동안 관상할 수 있지만 건조화가 아닌 경우에는 줄기가 물에 쉽게 무르기 때문에 수명이 비교적 길지 않다.

30~60 cm

4~7 days

1 bunch

Line ☐ Mass ☑ Form ☐ Filler ☑

Dry ☑ Not Dry ☐

| 37 | **Zinnia** *Zinnia elegans* | **백일홍** 국화과 Asteraceae |

another name youth-and-old-age
다른이름 백일초, 백일화

Zinnia has two different types; multi-layer ligulate flowers and single-layer ligulate flowers. As its stem is empty inside, it is breakable. In poor water uptake conditions or in dry environments, its neck gets easily bent and the flower gets quickly wilted. In poor ventilation, its small flowers get moldy inbetween. Special care is required to prevent such phenomena. Its ethylene sensitivity is low.

백일홍의 꽃은 혀꽃이 여러 겹인 것과 그렇지 못한 것들이 있으며, 줄기의 속은 비어있어서 쉽게 부러진다. 물올림이 좋지 못한 경우나 건조한 환경에서는 쉽게 목이 꺾이거나 시들기 때문에 관리에 주의하도록 해야 하며, 환기가 좋지 않을 경우에 작은 꽃들 사이에서 곰팡이가 피기도 한다. 향기는 거의 없으며, 에틸렌 민감도는 낮다.

30~60 cm

4~5 days

10 stems

38 Saw-wort
Saussurea pulchella

각시취
국화과 Asteraceae

another name snow lotus, beautiful flowered saussurea
다른이름 나래취, 고려솜나물

Small round flowers of this plant are often seen in mountains and fields in Korea. Its sales volume has greatly increased recently, but the flowers in the market are still collected from the mountains or fields. Its water uptake is on the good side, but its stem is somewhat tender so it gets rotten easily. Frequent water change is needed.

작은 꽃들이 둥글게 모여 피며, 우리나라의 산과 들에서 흔히 볼 수 있는 식물이다. 최근에는 꽃시장에서 유통되는 양이 많이 늘고 있지만 재배하여 유통되기 보다는 대부분 산이나 들에서 채취하여 유통되는 경우가 많다. 물올림은 잘 되는 편이지만 줄기가 부드러워 물에서 쉽게 부패하는 편이므로 물을 자주 교체해주는 것이 좋다. 한국의 꽃시장에서는 '미니 볼', '핑크 볼' 등의 잘못된 이름으로 유통되기도 한다.

30~60 cm

4~5 days

1 bunch

Bird of Paradise
Strelitzia reginae

극락조화
극락조화과 Strelitziaceae

another name crane flower, strelitzia
다른이름 스트렐리지아

극락조화과는 본래 파초과로 분류하던 것이었으나 극락조화과로 독립되어 분류한다.

Originally it was classified into Musaceae but now it belongs to strelitziaceae.

Originally it was classified into Musaceae, but now it belongs to Strelitziaceae. The flowers remain in thick bracts for some time before they begin to bloom. As the flowers protrude one after another, the plant as a whole lasts very long. However, it is vulnerable to cold weather under 7℃(45℉). Floral preservative certainly helps the plant last longer. Its ethylene sensitivity is rather low.

극락조화는 두꺼운 포엽에 감싸진 상태로 있다가 여러 개의 꽃들이 돌출되면서 개화한다. 꽃이 순서대로 돌출되어 피기 때문에 전체의 수명은 매우 긴 편이지만 7℃(45℉) 이하에 보관할 경우 냉해를 입기도 한다. 되도록 시원한 장소에 보관하는 것이 좋으며, 수명연장제를 사용하면 수명연장에 매우 효과적이다. 에틸렌에 대한 민감도는 낮은 편이다.

60~120 cm

7~15 days

5 stems

40 Bouvardia
Bouvardia hybrids

부바르디아
꼭두서니과 Rubiaceae

another name
다른이름 보바르디아

부바르디아(Bouvardia)는 17C 프랑스 루이 13세의 주치의였던 '찰스 부바르디아 (Charles Bouvard)'의 이름에서 유래되었다.

Bouvardia originated from the name, "Charles Bouvard', family doctor of Louis 13 in France in the 17th C.

The name Bouvardia originated from 'Charles Bouvard', the family doctor of Louis 13 of France in 17C. Bouvardia has small four-pronged flowers at the end of its stem. These days double flowers are often sold in the market and various colors of Bouvardia are being circulated. Its flower is very beautiful, but it is hard to revive the flower once wilted. Therefore, special care should be given to water management. It is vulnerable to cold weather under 7℃(45℉).

부바르디아는 네 갈래로 갈라지는 작은 꽃들이 줄기 끝에 모여핀다. 흰색에서부터 주황, 분홍, 빨강에 이르기까지 꽃의 색상도 점차 다양하게 유통되고 있으며, 겹꽃도 흔히 볼 수 있다. 꽃이 매우 아름답지만 물올림이 좋지 못하여 탈수현상을 겪게 되면 다시 회복되기 어려우므로 물 관리에 특히 주의하도록 해야 한다. 7℃(45℉) 이하에 보관할 경우 냉해를 입기도 한다.

30~60 cm

4~7 days

1 bunch

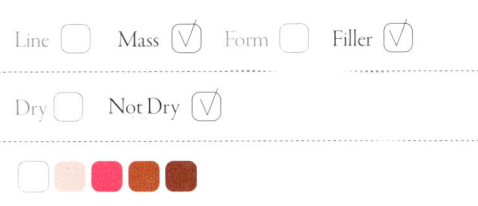

Phlox
Phlox paniculata

숙근플록스
꽃고비과 Polemoniaceae

another name perennial phlox, garden phlox
다른이름 풀협죽도, 플록스

'플록스(Phlox)'는 그리스어로 '불꽃(flame)'을 의미한다. 이것은 다양한 색상이 있지만 밝고 선명한 (vivid) 색상이 많은데서 기인한다.

'Phlox' means 'a flame' in Greek. The name was made in the bright colors of the flower.

Phlox paniculate has small flowers bloom in circle at the tip of a stem. Petals are spiraling in the state of a bud. When they bloom, however, they are wide open horizontally. You had better buy Phlox before the full bloom, because good water uptake guarantees its successful blooming. When the flowers are gone, the whole blossoms fall down. The stem under the water line gets easily pulpy. Hence frequent change of water and stem re-cutting are recommended.

숙근플록스는 줄기 끝에서 작은 꽃들이 둥글게 모여 핀다. 봉오리 상태에서는 꽃잎이 나선형으로 말려 있지만 꽃이 피면서 수평으로 펼쳐진다. 화색이 거의 보이지 않는 봉오리상태에서 구입하여 물올림이 좋고 개화도 원활하므로 개화되지 않은것을 구매하는 것이 좋다. 꽃이 완전히 개화한 후에는 꽃송이가 통째로 떨어지며, 줄기는 물에 닿는 부분이 쉽게 무르기 때문에 물을 자주 갈아주고 줄기도 재절단 하는 것이 좋다.

30~80 cm

4~7 days

1 bunch

42 Bells of Ireland
Moluccella laevis

모루셀라
꿀풀과 Lamiaceae

another name shell flowers, irish bell flower
다른이름 조개꽃, 모루켈라

Moluccella's light green color is close to apple-green. People misunderstand calyces of the plant for petals. Apple green calyces surround the tiny white flowers inside. Moluccella is very popular because of its beautiful light green color that can hardly be found in cut-flowers. As leaves wilt earlier than flowers, it is recommendable to remove leaves before use. Overall shape and color of the plant deliver a very unique image. Flowers last comparatively long due to smooth water uptake.

모루셀라는 여름철에 볼 수 있는 밝은 사과와 가까운 연두색을 띠고 있다. 꽃잎처럼 보이는 부분은 실제로 꽃받침이며 그 내부에 있는 작고 흰색에 가까운 부분이 꽃이다. 식물체 전체가 절화에서는 보기 어려운 아름다운 연두색을 띠고 있어 많이 애용되고 있으며, 잎이 먼저 시들기 때문에 잎은 제거하고 사용하는 것이 좋다. 전체의 형태와 색상이 매우 독특한 이미지를 준다. 줄기의 속은 비어 있지만 물올림은 좋은 편이며, 비교적 수명도 길다.

50~90 cm

5~10 days

1 bunch

43 Physostegia
Physostegia virginiana

꽃범의 꼬리
꿀풀과 Lamiaceae

another name false dragon-head, obedient plant physostegia
다른이름 피소스테기아

As the end of the stem where the buds are attached looks like a tail of a tiger, it was named 'a tail of a flower tiger' in korea. Its stem is rectangular and flowers bloom from down to up one after another . The whole flowers last rather long even though each flower lasts short. Even when downward flowers wilt, upper buds continuously bloom. So when wilted flowers at the bottom are removed the whole flowers remain fresh.

봉오리가 달린 꽃줄기의 끝부분이 마치 범의 꼬리처럼 보인다고 해서 한국에서는 '꽃범의 꼬리'라는 이름이 붙었다. 줄기는 사각의 각이 있으며, 아래에서 위로 꽃들이 차례로 핀다. 전체의 수명은 꽤 오랫동안 유지되는 편이지만 꽃 한 송이 한 송이의 수명은 짧다. 아랫부분의 꽃들은 시들어도 윗부분의 봉오리는 지속적으로 피기 때문에 아랫부분의 시든 꽃들을 제거해주면 좀 더 신선한 상태로 유지할 수 있다.

50~80 cm

5~7 days

1 bunch

44

Mexican Bush Sage
Salvia leucantha

맥시칸 부시 세이지
꿀풀과 Lamiaceae

another name mexican sage
다른이름 멕시칸 세이지

Mexican bush sage is a plant with typical characteristics of the salvia genus that has florets along its stem. As it has too many flowers on its relatively thin stem, flowers get easily dehydrated in dry conditions or under intensive light. Hence special care should be given to water management. Its flower has velvet-like texture, and it is known as aromatic herb. Recently it is getting increasingly popular as a cut-flower.

맥시칸 부시 세이지는 꽃자루에 작은 꽃들이 줄지어 달리는 '살비아 속_Salvia' 식물의 전형적 특성을 가지고 있다. 줄기의 두께에 비해 꽃들의 양이 많이 달려 건조한 환경이나 고광도에서 쉽게 탈수를 겪게 되므로 물 관리에 주의해야 한다. 꽃은 벨벳 같은 질감을 가지고 있으며 방향성 허브식물로도 잘 알려져 있다. 최근에 절화로 유통되는 양이 늘고 있는 식물 중 하나이다.

 30~50 cm

 4~7 days

 1 bunch

| 45 | **Mealy sage** *Salvia farinacea* | 보라살비아 꿀풀과 Lamiaceae |

another name violet salvia, salvia, mealycup sage
다른이름 보라샐비어, 샐비어

Small violet flowers bloom around a stem in clusters. As a whole, it shapes thin and long. Though the flower looks very beautiful, it doesn't last long. Initial water-uptake is no problem but it gets dehydrated very readily when the temperature is not proper or the vessel is blockaded. Hence special care is needed for the management of favorable environments including water. Remove small buds as well as unnecessary leaves so that enough water and nutrients are provided to the flowers on the tip of the stem. Keep the water and clean-cut part clean.

보라색의 작은 꽃들이 꽃줄기에 돌아가며 다닥다닥 달린다. 전체는 가늘고 긴 형태이며, 매우 아름답지만 수명은 비교적 짧은 편이다. 초기 물올림은 원활하지만 온도 조건과 도관폐쇄 정도에 따라 매우 쉽게 탈수를 겪기 때문에 환경과 물관리에 주의하여야 한다. 수분과 양분이 줄기 끝의 꽃까지 충분히 공급될 수 있도록 불필요한 잎이나 개화하기 어려운 봉오리들은 제거하고 줄기는 절단면과 물을 깨끗하게 유지하는 것이 좋다.

20~40 cm

3~5 days

1 bunch

Line [V]   Mass [ ]   Form [ ]   Filler [V]

Dry [V]   Not Dry [ ]

| 46 | **Nursery Spiraea** *Caryopteris incana* | 층꽃나무 꿀풀과 Lamiaceae |

another name caryopteris
다른이름 층꽃풀, 난향초

본래는 마편초과로 분류하였으나 꿀풀과로 재분류 되었으며, 시중에서 '층층이꽃'이라 부르기도 하는데 층층이꽃(*Clinopodium chinense* var. *parviflorum*)은 꿀풀과의 다른 '속' 식물을 지칭하므로 잘못 부르는 이름이다.

Originally it belonged to the family of Verbenaceae, but later it was reclassified into the family of Lamiaceae.

Clusters of small flowers bloom in stratum on every node. It is popular as a cut-flower on account of its beautiful color and shape. After full-bloom florets begin to fall and bud-like fruits are borne. Its water-uptake is not so viable, so special care should be given to the initial water-uptake.

마디마다 작은 꽃들이 덩어리로 모여서 피는데 그 형태가 층을 이룬다. 꽃이 피는 형태 때문에 '층꽃나무'라는 이름으로 부른다. 색과 형태가 아름다워 절화로 많이 사용되고 있으며, 완전히 개화한 후에는 작은 꽃들이 떨어지고 피지 않은 봉오리처럼 생긴 열매가 달린다. 물올림이 아주 좋은 편은 아니므로 처음 물올림 할 때 주의하도록 해야 한다.

30~60 cm

5~7 days

1 bunch

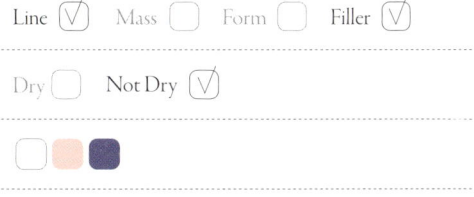

47 | Monarda
Monarda didyma

모나르다
꿀풀과 Lamiaceae

another name bergamot, bee balm
다른이름 베르가못

'Monarda'는 스페인의 의사이면서 식물학자인 'Monardes'의 이름에서 유래하였다.

Monardes, a Spanish physician and botanist, is eponymous of Monarda.

Monarda, better known as bergamot, is an aromatic herb plant so that it is widely used in various herb-processed goods including food. Essential oil, in particular, is used as an ingredient for perfume. Its color and shape are so beautiful that it is popular as a cut-flower. For this reason, its sales volume is increasing nowadays. However, the initial water-uptake should be closely taken care of. Good water-uptake sustains flowers longer than a week. Otherwise, its florets fall or it undergoes neck-bending. Keep in a cool and well ventilated place.

'모나르다'는 '베르가못'이라는 이름으로 더 잘 알려진 허브식물로 방향성 물질을 함유하고 있어 각종 허브 가공품이나 식품에 많이 사용되고 있다. 특히 에센셜 오일은 향수의 원료로도 애용된다. 꽃의 색이나 형태 역시 매우 아름다워 절화로 유통되기도 하는데 최근에는 유통되는 기간과 양이 점점 늘어나고 있는 추세이다. 그러나 초기 물올림에 특히 주의해야 한다. 물올림이 잘 이루어질 경우 일주일 이상 수명이 유지되기도 하지만 그렇지 못한 경우 작은 꽃들이 떨어지거나 줄기 목굽음 현상이 나타나기도 한다. 환기가 잘 되고 시원한 곳에 보관하는 것이 좋다.

40~80 cm

5~7 days

1 bunch

Cattleya
Cattleya spp.

another name
다른이름 카틀레아

카틀레야
난초과 Orchidaceae

'Cattleya'는 영국의 식물 애호가인 William Cattley(카틀레이)를 기념하기 위하여 1824년 John Lindley에 의하여 붙여진 이름이다.

In 1824, John Lindley named this plant 'cattleya' to memorialize William Cattleya, British plant lover.

A certain species of cattleya has several small flowers blooming on a stem. However, big and colorful flowers are popular as cut-flowers. Cattleya is mostly used in bridal bouquets because only short stem cut-flowers are sold in the market. Potted flowers are more widely used than cut-flowers. Its petal is translucent and damageable. Hence care should be given when handling. ethylene sensitivity is average.

카틀레야는 간혹 하나의 꽃자루에 작은 꽃들이 여러 개 모여 피는 품종도 있지만 절화로 유통되는 것은 대부분 크기가 크고 꽃이 화려하다. 절화는 줄기가 거의 없이 짧은 꽃자루만 달린 상태로 유통되므로 주로 부케 등의 장식에 많이 사용되고 있으며, 절화보다는 분화로 사용되는 경우가 빈번하다. 종에 따라 정도의 차이는 있지만 꽃잎이 반투명하여 외부 충격에 잘 손상되고 손상된 부분은 시간이 지나면서 검게 변하므로 유통에 주의하는 것이 좋다. 에틸렌에 민감한 정도는 보통이다.

10~20 cm

5~10 days

1 stem

Dendrobium
Dendrobium spp.

덴드로비움
난초과 Orchidaceae

another name dendribium orchid
다른이름 석곡, 석곡풀

Dendrobium은 고대 그리스어에서 유래되었다. 'Dendron_나무'와 'bios_생명'의 합성어로 나무에서 착생하여 살아가기 때문에 붙여진 이름이다.

The name of dendrobium originated from an ancient Greek compound word; Dendron means 'a tree' while bios 'life'. It is so named as it lives on a tree.

Dedrobium in the family of orchidaceae has many species. Its sales volume is decreasing recently as phalaenopsis and denphalae are gaining more popularity. Its stem is thick and nodes are distinct. Several flowers bloom on the tip of a stem. Flowers last comparatively long, but exposure to low temperature should be avoided.

'덴드로비움'은 난초과 중 하나로 많은 종을 포함하고 있지만 우리나라에서는 그다지 인기 있는 식물로 취급되지는 않는다. 최근에는 팔레놉시스와 덴파레의 인기로 점차 유통되는 양이 줄고 있으며, 분화로서 가치가 높지 못한 경우 채화하여 절화로 출하하기도 한다. 줄기는 두껍고 마디가 분명하며, 여러 송이의 꽃들이 줄기 끝에서 모여 핀다. 수명이 비교적 긴 편이지만 저온에 노출되지 않도록 주의해야 한다.

30~50 cm

5~10 days

1 & 2 stems

Dendrobium Orchid
Dendrobium bigibbum (Syn.: *Dendrobium phalaenopsis*)

덴파레
난초과 Orchidaceae

another name cooktown orchid
다른이름 덴드로비움 팔레놉시스, 쿡타운 난초, 덴팔레

덴파레의 학명은 본래 'Dendrobium phalaenopsis'로 사용하였으나 현재 'Dendrobium bigibbum'로 변경되어 사용되고 있다.

The original scientific name was 'Dendrobium phalaenoppsis' but now it is more widely called 'Dendrobium bigibbum'.

As it is various in color and beautiful, a great amount is imported from Southeast Asia including Thailand. It boasts a long life and a good water-uptake. However, as it is very sensitive to ethylene, buds on the stem tip get wilted and discolored in some cases. Therefore it is recommended to buy stems with green buds and store them in a well ventilated place above 10℃.

화색이 매우 다양하고 아름다워 태국 등의 동남아시아에서 많은 양이 수입되고 있다. 수명이 길고 물올림도 잘 되는 편이지만 에틸렌에 민감하여 줄기 끝의 봉오리가 피지 못하고 누렇게 변하는 경우도 있다. 구입할 때 봉오리의 색이 선명한 녹색을 띠는 것으로 선택하는 것이 좋으며, 보관할 때는 10℃ 이상의 환기가 잘 되는 장소에 두는 것이 좋다.

Cymbidium Orchids
Cymbidium spp.

51

심비디움
난초과 Orchidaceae

another name boat orchids
다른이름

심비디움(Cymbidium)은 그리스어인 'kymbe'에서 유래되었으며, 이것은 '배(boat)'를 의미하며, '입술 꽃잎(lip)'의 형태에 기인한다. 빅토리아시대에도 매우 유행한 것으로 알려져 있다.

Cymbidium originated from the Greek word of 'kymbe' meaning 'a boat'. It is said that cymbidium was very popular even in the Victorian times.

Cymbidium is fairly various in size, color and shape. It lasts long: periodical water-changing with stem-cutting and storing in a cool place warrant about a month-long freshness. As is often the case with orchidaceous plants, its center petal called 'lip' often turns reddish or brownish when it wilts. Therefore, it is recommended to purchase Cymbidium with fresh lips. As the flower lasts long and its shape is distinctive, it is used for various purposes in floral design. It endures well in low temperature in comparison to other tropical plants.

심비디움은 크기 · 화색 · 형태가 매우 다양한 편이며 수명도 길다. 물을 교체하면서 줄기를 정기적으로 재절단하고, 환기가 잘 되는 시원한 장소에 두면 약 한달 동안 신선도가 유지되기도 한다. 난과 식물에서 볼 수 있는 중심부분의 꽃잎인 '립(Lip)'은 시들면서 붉은 색이나 황색 계열로 변하는 경우가 많으므로 '립'의 상태를 잘 확인한 후 구입하는 것이 좋다. 수명이 길고 형태가 매우 뚜렷하여 플로랄 디자인에서 다양한 용도로 사용되고 있으며, 다른 열대원산의 식물에 비해 저온에서도 잘 견디는 편이다.

30~70 cm

14~21 days

1 & 2 stems

52 Epidendrum
Epidendrum radicans

에피덴드럼
난초과 Orchidaceae

another name fire-star orchid, ground-rooting epidendrum
다른이름 에피덴드럼, 불꽃난초

Its flowers are small compared with other orchidaceous plants and the flowers bloom in circle on the tip of a stem. As flowers bloom one after another, its life span is long as a whole. The flowers are unique and the stem shapes beautifully curvaceous. Pot flowers are more popular than cut-flowers in the market, but its sales volume and its kinds are gradually on the rise. The shape of 'lip', a unique petal at the center, is specially beautiful. The color of lips is different from its petals in many cases. It is recommended to provide water-uptake after stem-cutting. Keep it in the environment similar to that of other orchidaceous plants.

난초과 식물들 중에서 비교적 꽃이 작은 편이며, 줄기의 끝에서 둥글게 모여 핀다. 꽃들이 차례로 피기 때문에 전체의 수명이 길고 꽃이 독특하며, 줄기의 곡선도 매우 아름답다. 분화에 비해 아직 절화로서의 사용이나 유통양은 많지 않은 편이지만 점차 유통되는 양이나 종류가 다양해지고 있다. 중심부분에 있는 독특한 꽃잎인 '립'의 형태가 특히 아름다우며, 다른 꽃잎과 립의 색상이 다른 경우도 많다. 줄기를 깨끗하게 절단한 후 물올림하고, 환경조건은 다른 난과 식물과 비슷하게 관리하면 된다.

40~100 cm

14~21 days

1 & 2 stems

53	**Oncidium**	온시디움
	Oncidium spp.	난초과 Orchidaceae

another name dancing-lady orchid, golden shower orchid
다른이름

The name 'Dancing Lady' was made because small flowers blooming along a slender and delicate forked stem look like ladies dancing in a skirt. Its original color was mostly yellow but flowers of various colors are in the market, thanks to hybridization. Its life span is rather long but the water uptake of cut-flower is on the bad side. Exposure to ethylene and poor water uptake make its petals thin or brown as well as its flowers fall in its entirety. It does not last longer than Cymbidium or Epidendrum.

가늘고 섬세하게 갈라진 줄기를 따라 달리는 작은 꽃들이 마치 스커트를 입고 춤을 추는 여성과 비슷하여 'Dancing Lady'라는 이름을 가진 '종'도 있다. 본래는 노란색이 대부분이었으나 교잡을 통해 다양한 색상이 유통되고 있으며, 간혹 약간의 향기가 있는 온시디움도 볼 수 있다. 수명이 긴 편이지만 물올림이 좋지 않거나 노화되면 꽃들이 한꺼번에 떨어지기도 하므로 물관리에 주의해야 하며, 다른 난초과 식물인 심비디움이나 에피덴드럼에 비해서는 수명이 길지 않은 편이다.

40~80 cm

7~10 days

1 & 10 stems

Line [V]　Mass [ ]　Form [ ]　Filler [V]

Dry [ ]　Not Dry [V]

Paphiopedilum
Paphiopedilum spp.

파피오페딜룸
난초과 Orchidaceae

another name lady's slipper, hard leaved pocket orchid
다른이름 주머니 난초

'립'의 형태가 마치 여성의 슬리퍼처럼 보여 '파피오페딜룸(Paphiopedilum)'이라는 이름 역시 고대 그리스어인 'pedilon_슬리퍼'에서 유래되었다.

As the shape of 'lip' looks like a lady's slipper, it is called 'lady's slipper'. Its scientific name of paphiopedilum also originated from an ancient Greek word 'pedilon' meaning 'slipper'.

This flower has its unique beauty in that it has distinctive stripes or dots on petals. The 'lip' of this flower, a petal in the center, is bigger and more peculiar than other orchids. Both pot flowers and cut-flowers are priced high. Cut-flowers are recommended to be kept in a well ventilated place.

꽃의 형태가 마치 여성의 슬리퍼처럼 생긴 서양란으로 매우 독특한 아름다움을 가지고 있다. 꽃잎에는 선명한 줄무늬나 점들이 분포되어 있으며, 중심에 있는 꽃잎인 '립'의 형태가 다른 난초과 식물에 비해 크고 독특하다. '립'의 형태가 마치 여성의 슬리퍼처럼 보이기도 한다. 분화와 절화가 모두 높은 가격에 유통되며, 절화의 경우 환기가 잘 되는 장소에 보관하는 것이 좋다.

10~30 cm

7~10 days

1 stem

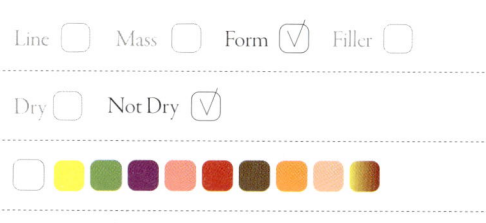

Phalaenopsis Orchid
Phalaenopsis spp.

팔레놉시스
난초과 Orchidaceae

another name moth orchid
다른이름 호접란(胡蝶蘭)

팔레놉시스(Phalaenopsis)는 그리스어의 'phalaina(나방)'과 'opsis(닮은)'의 합성어로 꽃이 나방과 닮았다고 하여 붙여진 이름이다.

Phalaenopsis is a Greek compound word of phalaina('moth') and opsis ('resemblance').

In Korea, as the flower looks like a butterfly it is called '호접란(a butterfly orchid)'. It is popular both as pot-flowers and cut-flowers. Since it is one of the world's most popular orchidaceous plants for its curvaceous stem and big and beautiful flowers, it is used for various design purposes such as bridal bouquets or space decoration. Different species have different life span. With the lapse of time as flowers mature, petals get thinner and transparent and eventually fall. Temperature control is important to prevent damage at low temperature.

한국에서는 꽃이 나비처럼 생겨 '호접란'이라는 이름으로 분화용·절화용으로 많이 유통되고 있다. 곡선으로 우아하게 휘어 있는 줄기에 달리는 꽃들이 크고 아름다워 전 세계적으로 가장 인기 있는 난과 식물중 하나로 공간장식물이나 부케 등 다양한 곳에 많이 사용되고 있다. 종에 따라 수명의 차이가 심한 편이며, 시간이 지나면서 꽃이 성숙되면 꽃잎이 얇아지고 투명하게 변한 후 떨어진다. 저온에서는 냉해를 입기도 하므로 온도 관리에 주의해야 한다.

30~80 cm

7~14 days

1 stem&bunch

| 56 | Vanda
Vanda coerulea | 반다
난초과 Orchidaceae |
|---|---|---|
| | **another name** 다른이름 | autumn lady's tresses, blue orchid |

Vanda has very rare color of blue violet flowers with a unique pattern. The flowers are big and gorgeous, but the lips are very small compared with other orchidaceous families. It is recommended to purchase flowers with vivid color and thick petals. In case of cut-flowers, care must be given to the maintenance of moisture on petals as well as of moderate temperature. As many big flowers are attached on relatively thin and small stem, dehydration of petals often causes inelasticity. Thus water management is essential.

꽃에서 보기 어려운 파랑에 가까운 보라색의 꽃은 독특한 무늬가 있다. 꽃이 특히 크고 화려하지만 중심의 입술 꽃잎인 '립(lip)'은 다른 난과 식물에 비해 특히 크기가 작다. 꽃은 색상이 선명하고 꽃잎이 두꺼운 것을 선택하는 것이 좋으며, 절화 상태로 보관할 때는 되도록 꽃잎의 수분이 손실되지 않도록 주의하고 지나친 저온에는 보관하지 않아야 한다. 줄기에 비해 꽃이 크고 많이 달려 꽃잎의 탈수현상이 나타나 탄성이 떨어지는 경우가 많으므로 물관리에 특히 주의하는 것이 좋다.

30~60 cm | 10~14 days | 1 stem

Line ✓ Mass ☐ Form ✓ Filler ☐

Dry ☐ Not Dry ✓

57 Mokara Orchids
× *Mokara* spp.

모카라
난초과 Orchidaceae

another name mokara banda, novelty orchids
다른이름 모카라 반다

Mokara는 난과의 세 '속(Arachnis × Ascocentrum × Vanda)'의 교잡종이다.

Mokara is a hybrid of Arachnis, Ascocentrum and Vanda.

Mokara flowers vary in size and color. Many big flowers clustered on a stem often cause moisture deficiency. Maintenance of enough moisture as well as proper temperature is important. Depending on species, the number of flowers on a stem varies, but usually a stem has about 7-20 flowers. Its ethylene sensitivity is high.

다양한 색상과 크기의 모카라는 꽃의 크기가 크고 줄기에 한꺼번에 많이 달려 수분부족을 겪는 경우가 많다. 수분 관리에 유의하고 지나친 저온에 노출되지 않도록 한다. 종에 따라 다소 차이는 있지만 하나의 꽃줄기에 7~20개 정도의 꽃이 달린다. 에틸렌에 대한 민감도가 높은 편이다.

30~60 cm

10~14 days

5 & 10 stems

Line [V] Mass [V] Form [ ] Filler [ ]

Dry [ ] Not Dry [V]

Euphorbia
Euphorbia jolkini

암대극
대극과 Euphorbiaceae

another name
다른이름 갯바위대극

Euphorbia with unique cup-shape inflorescence has upper leaves broader than lower leaves. As white latex oozes out from the cut of the stem, care is called for water-uptake.

컵처럼 생긴 독특한 배상화서의 꽃을 가지고 있는 암대극은 아래에 비해 위의 잎들이 더 넓다. 절단된 줄기에서는 하얀색의 유액이 분비되므로 물올림을 할 때 주의하도록 해야 한다.

20~40 cm

7~14 days

1 bunch

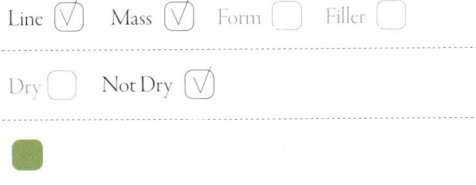

Line [V] Mass [V] Form [ ] Filler [ ]

Dry [ ] Not Dry [V]

59 Wax Flower
Chamelaucium uncinatum

왁스플라워
도금양과 Myrtaceae

another name geraldton wax
다른이름 솔매

A great number of tiny plum-blossom-like flowers bloom on a hard stem. Its leaves are thin like needle leaves of a pine tree. When leaves are rubbed, they are very aromatic. The flowers last very long. Scissoring '+' on the bottom of the stem is recommended for better water-uptake. Its ethylene sensitivity is high.

딱딱한 줄기에 작은 매화처럼 생긴 꽃들이 무수히 많이 핀다. 잎은 바늘 형태로 가늘어서 마치 짧은 소나무 잎처럼 보이며, 잎을 비비면 매우 향기로운 향이 난다. 꽃의 수명이 매우 길지만 노화되면 꽃잎이 다시 오므라들거나 떨어지게 되므로 물올림에 주의해야 한다. 물올림 할 때는 되도록 아랫부분의 단단한 줄기를 십자(+)형태로 자르는 것이 좋다. 에틸렌에 대한 민감도는 높다.

30~60 cm

7~14 days

1 bunch

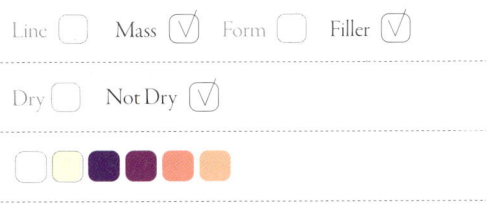

Sedum

Hylotelephium spectabile
(Syn. : *sedum spectabile*)

큰꿩의 비름
돌나물과 Crassulaceae

another name showy stonecrop, stonecrop, butterfly stonecrop
다른이름 세덤, 불로초(유통명)

종명인 spectabile은 '눈길을 끄는'이라는 의미이다.

The specific epithet spectabile means 'showy'

It has thick fleshy leaves and small white or pink flowers on the tip of a stem. Purchasing unbloomed flowers is advised. In spring flowers are still green because they are yet to bloom but in early summer they begin to bloom into white or pink flowers. As the stem is liable to get pulpy, it should be dipped in water for a short period of time.

잎은 두꺼운 다육질이며, 흰색이나 분홍색의 작은 꽃들이 줄기의 끝에서 모여 핀다. 한국의 절화시장에서는 '불로초'로 유통되며, 꽃이 개화되지 않은 상태인 것을 구매하는 것이 좋다. 봄철에는 꽃이 개화하지 않아 녹색으로 유통되지만 초여름부터는 꽃이 피어 흰색이나 분홍색이 보인다. 줄기가 물에 쉽게 무르기 때문에 되도록 적은 부위에 닿을 정도로 물통의 물을 조절하는 것이 좋다.

30~50 cm

7~14 days

1 bunch

61	**Kalanchoe** *Kalanchoe blossfeldiana*	칼란코에 돌나물과 Crassulaceae

another name kalanchoes
다른이름 칼랑코에

It is a fleshy plant with succulent leaves. Though flowers are small, they are colorful. It is generally sold as a pot-flower. However, sometimes it is harvested as a cut-flower, which lasts over a week without extra rehydration if its vessels are blocked with paraffin or glue.

잎에 수분이 많은 다육성 식물로 꽃은 작지만 다양한 색상으로 핀다. 보통 분화용으로 유통되지만 간혹 절화로 출하로 되기도 한다. 플로랄 디자인을 제작할 때 별도의 수분 공급 없이도 파라핀이나 글루 등으로 도관을 폐쇄해주면 1주일 이상 수명이 유지된다.

20~40 cm

10~14 days

1 bunch

Hypericum
Hypericum inodorum

하이페리쿰
물레나물과 Hypericaceae

another name st. john's wort
다른이름 서양물레나물, 하이베리쿰, 히페리쿰, 망종화

히페리쿰(Hypericum)은 그리스 신화에 등장하는 태양신 '히페리온(hyperion)'의 이름에서 유래된 것으로 태양처럼 빛나는 노란색의 꽃에 기인하였다.

'Hypericum' originated from 'hyperion', the Greek god of sun. It has sun-like dazzling yellow flowers.

It used to be classified as Clusiaceae family, but not any more. Its yellow flower with many stamens are very beautiful but short-lived, so that usually the fruits are appreciated. Hypericum has various hybrids, and the color of its fruits are red, green and many others.

수술이 많은 노란색의 꽃은 매우 아름답지만 수명이 짧아 보통 열매를 관상하는 경우가 많다. 다양한 교잡종이 있으며, 열매는 붉은색에서 녹색에 이르기까지 다양하다. 절화의 수명이 다하면 열매가 검게 변하거나 받침에서 분리되므로 물관리에 주의해야 한다.

30~80 cm

7~14 days

1 bunch

Line ☐ Mass ☑ Form ☐ Filler ☑

Dry ☐ Not Dry ☑

63 Laceflower
Ammi majus

레이스 플라워
미나리과 Apiaceae

another name queen anne's lace, ammi, bishop's weed
다른이름 아미

When small white flowers of very delicate and soft texture bloom, it looks like an umbrella or laces on a lady's dress, thus namely 'lace flower'. As its water-uptake is bad and its stem is empty inside, clean water control and frequent stem cutting are important. Its ethylene sensitivity is rather high.

작은 흰색의 꽃들이 우산처럼 달리며, 매우 섬세하고 부드러운 질감을 가지고 있다. 섬세한 형태가 마치 여성의 옷에 달린 레이스(lace)와 같다고 하여 레이스 플라워라는 이름으로 부르는데 물올림이 좋지 않고 줄기의 속이 비어있으므로 물을 청결히 관리하고 줄기는 자주 재 절단하는 것이 좋다. 에틸렌에 대한 민감도는 높은 편이다.

20~60 cm

4~7 days

1 bunch

Line ☐ Mass ☐ Form ☐ Filler ☑

Dry ☐ Not Dry ☑

☐

| 64 | Dill
Anethum graveolens | 딜
미나리과 Apiaceae |

another name anethum
다른이름 소회향, 시라

Its small flowers bloom like an umbrella. Since it has strong scent. it is popular as an aromatic herb plant. Its leaves look very similar to cosmos. The plant doesn't last long and the failure of careful water control leads to stem or leaf rot, which is the reason of life-shortening.

작은 꽃들이 모여 둥근 우산 형태로 피는 식물로 식물체 전체에서 강한 향기가 있다. 향료 등으로 사용되는 허브식물로도 잘 알려져 있으며. 잎은 코스모스와도 비슷하다. 수명은 그다지 길지 않으며 물 관리를 청결히 하지 않으면 줄기나 잎이 부패하여 수명단축의 요인이 된다.

30~80 cm

4~7 days

1 bunch

65 Great Masterwort
Astrantia major

오스트란티아
미나리과 Apiaceae

another name snow star
다른이름 스노우 스타

The name 'Astrantia' originated form 'aster' meaning a 'star'. Because of its star-like flowers, it is very popular in Europe. Small flowers bloom on the tip of a thin stem. Its place of origin is either Europe or West Asia.

'Astrantia'는 '별(star)'을 의미하는 'aster'에서 유래된 이름이며, 별처럼 생긴 꽃송이로 인하여 서양에서는 매우 애용되고 있다. 가는 줄기의 끝에서 작은 꽃들이 모여서 피며 줄기는 가늘다. 보통 유럽이나 서아시아가 원산으로 우리나라에서는 수입되어 유통되고 있다. 국내생산으로 유통되지 않아 가격이 높게 형성되어 있다.

30~60 cm

7~10 days

1 bunch

66

Bupleurum

Bupleurum griffithii

버플레움

미나리과 Apiaceae

another name thorough wax

다른이름 부프레우룸

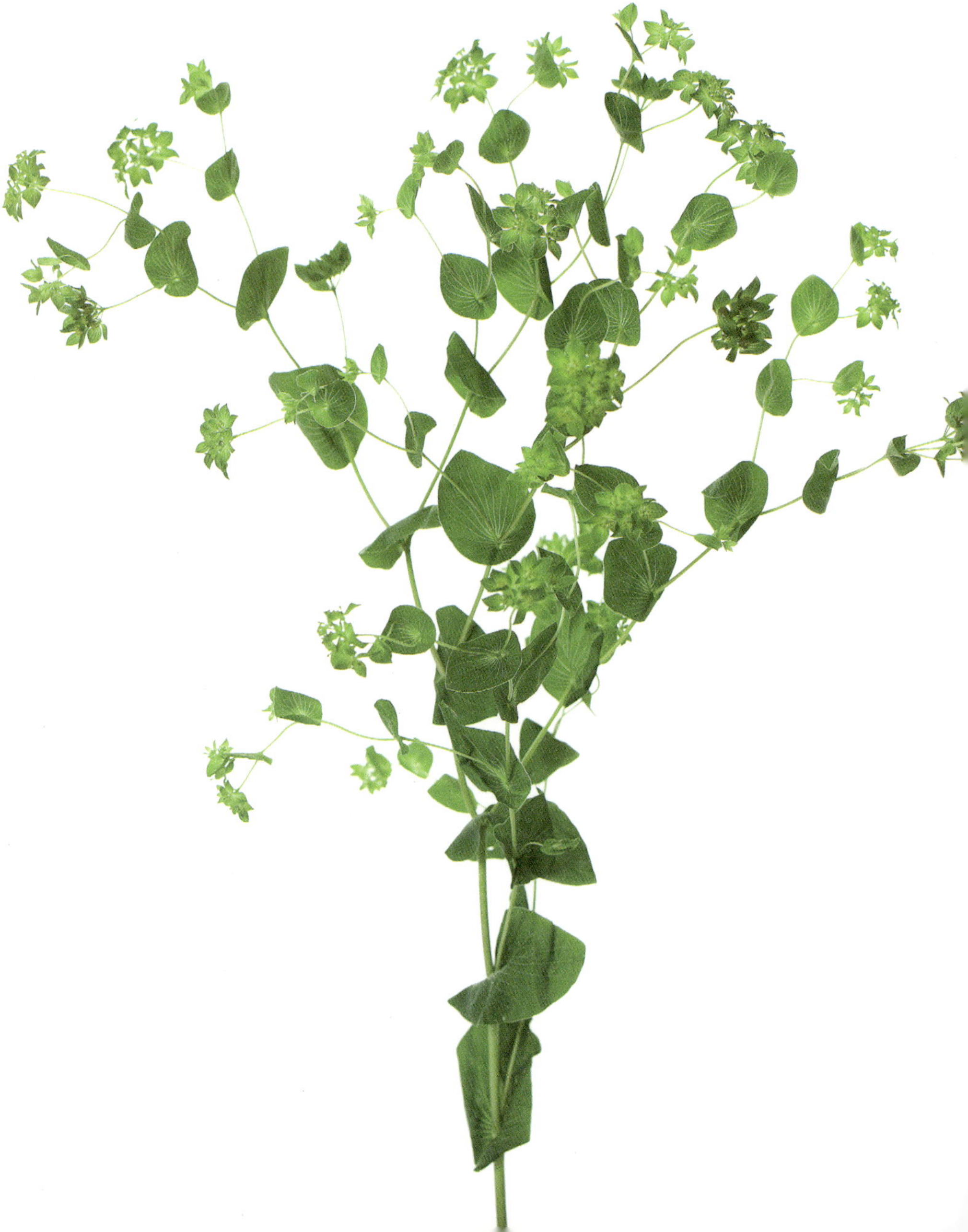

Tiny flowers bloom clustering on the tip of a thin delicate stem. All plant parts are green so that flowers are undistinguishable from leaves. The leaves bud out around the stem and the stem is empty inside. The stem dipped in water gets easily spoiled, which requires careful water control. Frequent stem cutting and maintenance of clean water guarantee appreciation of the flowers for a rather long time.

가늘고 하늘거리는 줄기의 끝에서 매우 작은 꽃들이 모여 피는데 전체적으로 녹색을 띠어 꽃과 잎의 구별이 잘 가지 않는다. 잎은 줄기를 감싸고 달리며 줄기의 속은 비어 있다. 줄기는 물에 닿으면 쉽게 물러지거나 부패되므로 물 관리에 유의하여야 하지만 줄기를 계속 잘라주며 물을 청결히 유지하면 비교적 오랫동안 관상할 수 있다.

40~100 cm

4~5 days

1 bunch

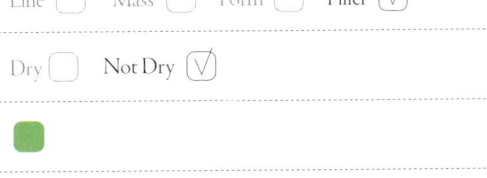

Eryngium
Eryngium planum

another name flat sea holly
다른이름 에린기움

에린지움
미나리과 Apiaceae

오래 전에 라틴아메리카나 아시아의 남쪽 지역에서는 에린지움을 의료용이나 요리용으로 사용하였으며, 특히 일부 '종'은 병을 치료하는데 효험이 있는 것으로 알려져 있다.

A long time ago, eryngium was used for medical or culinary purposes in Latin America as well as in South Asia. Some species in particular are known to have medicinal efficacy.

Alledgedly there are more than 200 species of eryngium in the world and species vary in color, size and shape. Its leaves have small thorns. As it has not much moisture in itself, its shape remains almost the same after dried. It looks similar to Korean wild thistle in shape, but Korean wild thistle is brighter in color and softer in touch.

에린지움은 세계적으로 200종 이상이 있는 것으로 알려져 있으며, 종에 따라 크기·색상·형태의 차이가 크다. 잎에는 약간의 가시가 있으며, 식물체 전체에 수분이 많지 않아 건조된 후에도 형태의 변화가 거의 없다. 형태는 우리나라의 엉겅퀴와 비슷하지만 엉겅퀴의 색이 더 선명하고 식물체도 부드럽다.

40~80 cm

7~14 days

1 bunch

Didiscus

Trachymene coerulea (Syn.: *Didiscus* spp.)

트라키메네
미나리과 Apiaceae

another name   laceflower, australian laceflower
다른이름   디디스커스

속명 'Trachymene'는 그리스어로 Trachymene의 열매에서 유래되었으며, Trachys(거친)과 meninx(막)의 합성어이다.

The word Trachymene came from the Greek reference to the fruit of the Trachymene. Trachys(rough) and meninx(membrane)

It is originated from Australia, Malaysia and New Caledonia. Its stem is thin, and small flowers bloom in circle. Its overall shape is very similar to that of scabiosa. Originally it belonged to the genus 'Didiscus', but it is now renamed 'Didiscus'. In most cases it is called 'Didiscus' in the market.

오스트레일리아, 말레이지아, 뉴칼레도니아와 같은 지역이 원산인 식물로 작은 꽃들이 둥글게 모여서 핀다. 줄기는 가늘고 전체의 형태는 스카비오사와도 매우 흡사하다. 본래는 'Didiscus 속'의 식물이었지만 지금은 'Didiscus'가 이명처리 되었다. 그러나 시중에서 유통될 때는 아직까지 '디디스커스_Didiscus'라는 이름이 사용되 는 경우가 많다.

30~50 cm

4~7 days

1 bunch

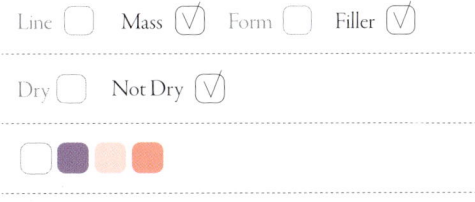

Line ☐ Mass ☑ Form ☐ Filler ☑

Dry ☐ Not Dry ☑

Gold Meadowrue
Thalictrum rochebrunianum

금꿩의 다리
미나리아재비과 Ranunculaceae

another name thalictrum
다른이름 참금가락풀, 대약당송초

한국 야생화 '금꿩의 다리'는 '금꿩'과 '다리'의 합성어로, 수술이 황금색으로 아름다우며, 줄기가 길고 가늘어 마치 꿩의 다리처럼 보여 붙여진 이름이다.

The name of gold meadow-rue, a Korean wild flower, originated from Korean. It is a compound word of 'gold pheasant' and 'lower limb'. Because of its beautiful golden stamen and a long slender stem, it resembles a pheasant's leg.

It is a wild plant found everywhere in Korea. Its stem is very thin and long. As many tiny flowers bloom on the tip of the stem, water-uptake is essential. Frequent stem-cutting and maintenance of clean water are necessary.

금꿩의 다리는 우리나라의 전역에서 볼 수 있는 야생식물이지만 최근 몇 년 전부터는 꽃시장에서 절화 상태로 유통되기도 한다. 줄기는 매우 가늘고 길며, 작은 꽃들이 줄기 끝에 많이 달려 있어 물올림이 중요하다. 줄기는 자주 재절단하고 물관리에 주의하도록 해야 한다.

60~120 cm

5~7 days

1 bunch

| 70 | # Aconitum
Aconitum napellus | 투구꽃
미나리아재비과 Ranunculaceae |

another name monkshood, helmet flower, aconite, blue rocket
다른이름 아코니텀

Because its floral shape looks like a Roman helmet, it is called 'helmet flower'. Its leaf is pedate and its flower is poisonous. Bright violet flowers bloom along a stem. Each flower is 1~2cm in size even though the plant itself grows as tall as 1m. Its ethylene sensitivity is high.

꽃의 형태가 마치 로마시대의 투구를 닮아 투구꽃이라 부르는 식물이다. 강한 독성이 있으며, 잎은 깊게 갈라져 있다. 선명한 보라색의 꽃이 줄기를 따라 라인의 형태로 피며. 하나하나의 꽃은 1~2cm 정도로 작지만 전체의 크기는 약 1m 내외로 크게 자란다. 에틸렌 민감도는 높다.

50~80 cm

5~7 days

5 & 10 stems

Anemone
Anemone coronaria

아네모네
미나리아재비과 Ranunculaceae

another name wind flower, poppy anemone, lily of the fleid
다른이름 바람꽃, 양귀비 아네모네

아네모네(Anemone)는 그리스어의 바람이라는 의미를 가진 'anemos'에서 유래한다. 아네모네를 바람꽃이라 부르는 것도 이 때문이다. 그리스 신화에 따르면 여신 아프로디테가 아도니스의 죽음을 애도하는 눈물을 흘렸는데, 그 눈물이 변해 아네모네 꽃에 생명을 주었다고 한다.

'Anemone' originated from the Greek word of 'anemos', meaning 'wind', namely 'windflower'. The Greek myth has it that Aphrodite shed tears mourning over Adonis' death and the tears turned into Anemone.

Anemone flowers are soft in texture and are beautifully transparent. But when in full bloom, its anther dust is rather rampant. As its stem is empty inside, it is vulnerable even to light impact. Flowers inflorescent in the daytime tend to curl in at night.

아네모네 꽃의 질감은 부드러우면서 투명하여 매우 아름답다. 그러나 만개한 상태에서는 꽃가루의 날림이 비교적 심하며, 줄기의 내부가 비어 있어 힘이 가해지면 쉽게 손상된다. 낮 시간에 피어 있던 꽃도 빛이 사라지면 다시 오므라드는 특성이 있다.

 20~50 cm

 4~7 days

 10 stems

Line ☐   Mass ☑   Form ☐   Filler ☐

Dry ☐   Not Dry ☑

72 | Clematis
Clematis spp.

클레마티스
미나리아재비과 Ranunculaceae

another name leather flower, traveller's joy, vase vine
다른이름 큰꽃으아리

This viny plant with big gorgeous flowers is used mostly as a pot-flower, but occasionally as a cut-flower. Originally all of the genus of Clematis mundshurica are called 'Clematis' but only the improved variety with big flowers is Clematis because of its better value for ornamental purposes. Clematis is poor in its water uptake, so care should be given.

꽃이 크고 화려한 덩굴성 식물로 분화 상태로 사용되는 경우가 많지만 절화상태로 유통되기도 한다. 본래는 '으아리 속'을 모두 클레마티스라 부르지만 관상 가치를 높이기 위해 개량된 큰꽃으아리 종류를 '클레마티스'라 부른다.

20~60 cm

5~7 days

3~5 stems

73	**Larkspur**	락스퍼
	Consolida ajacis	미나리아재비과 Ranunculaceae
	(Syn. : *Consolida ambigua, Delphinium ambiguum*)	

another name rocket larkspur, knightspur, larkstoe
다른이름 비연초

Its original genus was Delphinium but later it was reclassified into Consolida. The texture of flowers is soft, and leaves bud out from a stem without leafstalks. Flowers bloom along a stem one after another. They are prominently beautiful floral design. Its ethylene sensitivity is rather high.

본래는 '델피니움속'이었으나 '콘솔리다속'으로 재분류된 식물로 꽃의 질감은 매우 부드럽고 잎은 잎자루 없이 줄기에서 바로 달린다. 줄기를 따라 꽃들이 차례로 피며, 디자인에 사용하면 매우 아름답다. 에틸렌에 대한 민감도는 높은 편이다.

40~80 cm

5~7 days

1 bunch

74

Delphinium 'Belladonna'
Delphinium belladonna

벨라도나 델피니움
미나리아재비과 Ranunculaceae

another name mini delphinium
다른이름 미니 델피니움

Flowers are small and the number of flowers on a stem is also small. Though soft and slender, its life span is rather long. In a cool place with good water control, flowers last over a week. Its ethylene sensitivity is high.

꽃의 크기가 작고 하나의 줄기에 붙은 꽃의 수도 적은 편이다. 부드럽고 하늘하늘한 이미지를 가지고 있으면서도 비교적 수명이 긴 편이다. 시원한 곳에 두고 물 관리를 잘 하면 일주일 이상 수명이 유지되기도 한다. 에틸렌 민감도는 높은 편이다.

30~60 cm

5~7 days

1 bunch

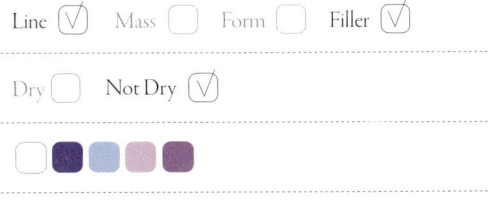

Line [V]　Mass [ ]　Form [ ]　Filler [V]

Dry [ ]　Not Dry [V]

Delphinium
Delphinium elatum

델피니움
미나리아재비과 Ranunculaceae

another name candle larkspur, jocob's ladder
다른이름 제비고깔, 델피늄

델피니움(Delphinium)은 라틴어인 'dolphin'에서 유래되었으며, 이것은 '돌고래(delphis)'를 의미한다. 개화하지 않은 작은 봉오리가 마치 돌고래와 흡사하게 보여 붙여진 이름이다.

'Delphinium' originated from the Latin word of 'dolphis', meaning 'dolphin'. It is so named because an unbloomed small bud looks like a dolphin.

Small flowers along a stem form a lineal shape. The stem is empty inside. Clean water is essential as it gets wilted expeditiously in dirty water.

줄기를 따라 작은 꽃들이 달려 선의 형태를 이루고 있는 꽃으로 줄기는 속이 비어 있으며, 쉽게 부패되는 편이다. 물의 청결도를 잘 유지할 경우 수명이 비교적 길게 유지되지만 깨끗하지 못한 물에서는 급속도로 꽃이 시들게 되므로 주의하여야 한다.

50~100 cm

4~6 days

1 bunch

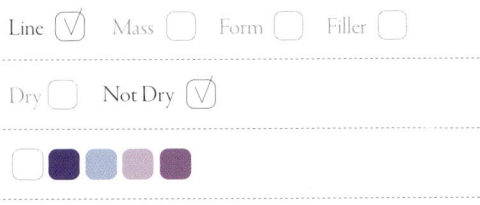

Line (V)　Mass ( )　Form ( )　Filler ( )

Dry ( )　Not Dry (V)

Nigella
Nigella damascena

76

니겔라
미나리아재비과 Ranunculaceae

another name misty blue, love in a mist
다른이름 흑종초

It is an annual plant growing in a garden, but it is also popular as a cut-flower because its fruits and flowers are very beautiful. It has multi-layered petals and deeply splitted thin leaves with several prongs. As its leaves and stems are soft, they are subject to corruption in water. Frequent water change and complete removing of leaves under water line are advised.

본래 화단에서 키우는 일년초이지만 꽃이나 열매가 아름다워 절화로 많이 유통되고 있다. 꽃잎은 여러 겹으로 구성되어 있으며, 잎은 가늘고 깊게 갈라져 여러 가닥으로 보인다. 잎이나 줄기가 부드러워 물에서는 쉽게 부패되므로 물을 자주 교체해주고 물속에는 들어가는 줄기 부분의 잎은 깨끗하게 제거하는 것이 좋다.

30~60 cm

5~7 days

1 bunch

Ranunculus
Ranunculus asiaticus

라넌큘러스
미나리아재비과 Ranunculaceae

another name rununculus, persian buttercup
다른이름 라눙쿨루스

라넌큘러스(Ranunculus)는 라틴어로 '작은 개구리(little frog)'를 의미한다.

Ranunculus means 'a little frog' in Latin.

As its petal is thin and delicate and its overall shape is beautiful, it is many people's favorite as a cut-flower. It is cultivated in various colors, and some with a mutated shape or distinctive green color are also in circulation. As some part of the stem is empty inside depending on variaties, poor water-uptake results in stem-bending which eventually leads to a wilt of the flower. Buds don't bloom out readily, so it is advisable to purchase flowers fully bloomed.

꽃잎이 얇고 섬세하면서 형태가 아름다워 절화로 매우 사랑받는 식물이다. 꽃의 색이 매우 다양하며, 일반적이지 않은 독특한 형태의 라넌큘러스나 꽃에서 보기 어려운 선명한 녹색도 있다. 품종에 따라 줄기가 부분적으로 비어있어서 물올림이 원활하지 않으면 줄기가 꺾이면서 시들게 된다. 작은 봉오리 상태에서는 쉽게 개화하지 않으므로 충분히 개화된 것을 구매하는 것이 좋다.

30~50 cm

5~7 days

10 stems

Trollius
Trollius chinensis

금매화
미나리아재비과 Ranunculaceae

another name globe flower
다른이름 트롤리우스

This beautiful flower of bright orange and yellow has many pistils and stamens. It is on sale only for a short period time of a year and not so popular as a cut-flower.

수술과 암술이 매우 많은 금매화는 선명한 주황색이나 노란색을 띠고 있으며, 꽃이 매우 아름답다. 그러나 아직까지 일 년 중 시중에서 유통되는 기간이 매우 짧으며, 절화의 용도로는 대중적이지 못한 식물이다.

30~60 cm

4~7 days

1 bunch

Godetia

Clarkia amoena (Syn.: *Godetia amoena*)

고데티아
바늘꽃과 Onagraceae

another name satin flower, silk flower, clarkia
다른이름 고데치아, 클라키아

Godetia, its original genus name, is still used. Though similar to oenothera odorata in appearance, it has more various colored flowers. It doesn't last long in water so that water management is important for this plant.

본래의 속명이 '고데티아(Godetia)'로 현재까지도 예전의 속명으로 유통되고 있다. 달맞이꽃과 비슷한 형태의 꽃이 피지만 색이 다양하다. 그러나 꽃의 수명이 길지는 않고 물에 쉽게 물러지므로 보관에 주의하는 것이 좋다.

30~60 cm

4~6 days

1 bunch

Line ☐ Mass ☑ Form ☐ Filler ☐

Dry ☐ Not Dry ☑

80

Asiatic Lily

Lilium hybridum

나리(아시아틱)

백합과 Liliaceae

another name

다른이름 아시아틱 백합

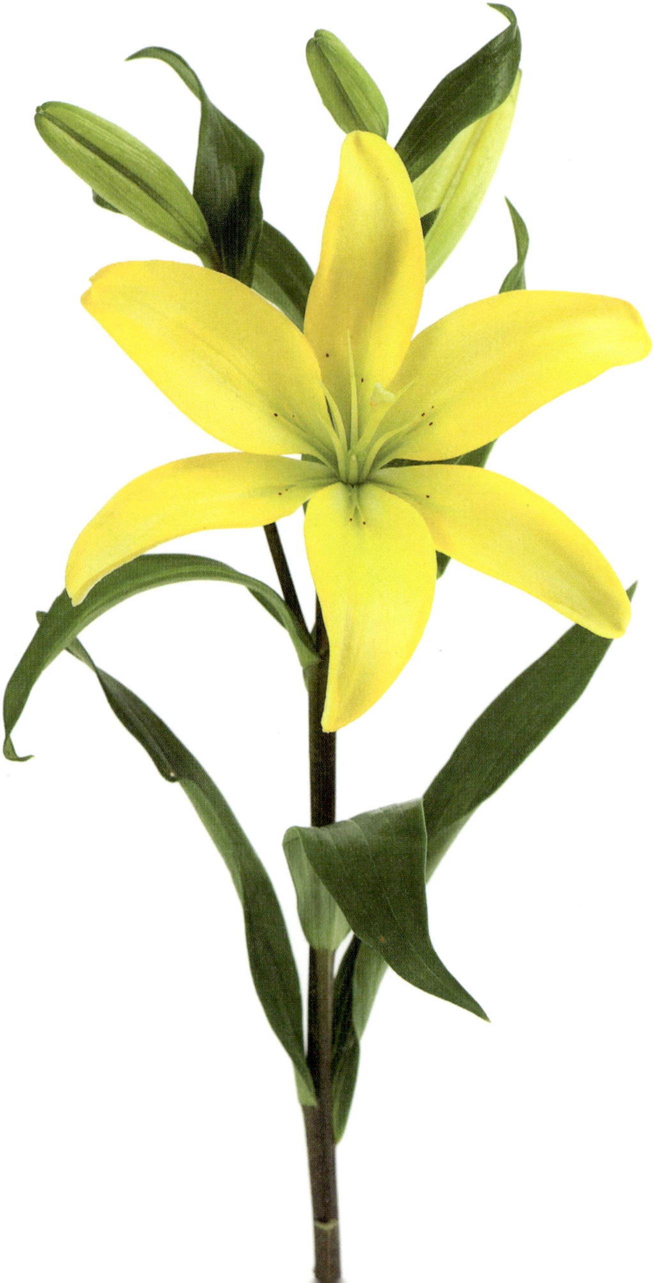

The flower is not so big and it blooms upward. Most asiatic lilies have no scent. Its leaf is smoother, narrower and slicker on its edge compared with oriental lily.

꽃의 크기는 그다지 크지 않으며, 대부분 위를 향해 꽃이 핀다. 대부분의 아시아틱 나리류는 향기가 거의 없다. 잎은 매우 매끈하고 돌기가 없으며, 오리엔탈 나리에 비해 잎의 폭이 좁고 가장자리도 매끈하다. 줄기의 끝에 하나의 꽃송이가 달리는 종류는 10대 묶임 단위로 유통되며, 하나의 줄기에 여러 꽃송이가 달리는 것은 5대 묶임 단위로 유통된다.

50~80 cm

5~8 days

5 & 10 stems

81 Oriental Lily
Lilium hybridum

나리(오리엔탈)
백합과 Liliaceae

another name hybrid lily
다른이름 오리엔탈 백합

Compared with asiatic lilies, most varieties of this lily have big and colorful flowers with strong scent. Flowers face sideways. Siberia, casablanca and stargazer belong to oriental lily. Some species have a leaf with process on its back while others have a leaf bent on its edge.

아시아틱 나리에 비해 꽃이 크고 매우 화려한 종류들로 대부분 향기가 매우 강한 편이다. 꽃들은 옆을 향해 피는 경우가 많고 나리류 중에서 크기가 매우 큰 대형종들이 많다. 시베리아, 카사블랑카, 스타게이저 등이 모두 오리엔탈류에 속한다. 종에 따라 꽃잎의 안쪽에 돌기가 있거나 꽃잎의 가장자리에 굴곡이 있는 경우도 많다.

50~80 cm

7~10 days

5 &10 stems

Line ⬜ Mass ⬜ Form ✓ Filler ⬜

Dry ⬜ Not Dry ✓

Easter Lily
Lilium longiflorum

나팔나리
백합과 Liliaceae

another name lily
다른이름 철포백합, 부활절백합, 백합

나리의 속명 'Lilium'은 라틴어에서 유래되었으며, 'li(희다)' + 'lium(꽃)'의 합성어로 순백의 색상으로 인하여 붙여진 이름이다.

The name of genus 'Lilium' originated from a Latin word of 'lilium' meaning 'li(white)' and 'lium(flower)'. It is so named because of its pure white color.

Trumpet-looking flowers face sideways. One variety has one flower on one stem and others have several flowers. Its water-uptake is alright but stem-cutting at the interval of 2-3 days prevents neck-bending. Its ethylene sensitivity is rather low.

나팔처럼 생긴 꽃이 옆을 향해서 피며 흔히 시중에서 '백합'이라 부른다. 나리의 다른 이름이 '백합'이지만 시중에 유통되는 나리류 중에서 유독 나팔나리에 한하여 '백합'이라 부르며 다른 나리류는 '나리'라고 부르는 경우가 많다. 하나의 줄기에 하나의 꽃이 피는 것과 하나의 줄기에 여러 개의 꽃이 달리는 것으로 분류하여 유통되며, 물올림은 비교적 좋은 편이지만 2~3일을 주기로 줄기를 재절단 해 주어야 꽃 목굽음을 방지할 수 있다. 에틸렌에 대한 민감도는 낮은 편이다.

50~120 cm

7~10 days

10 stems

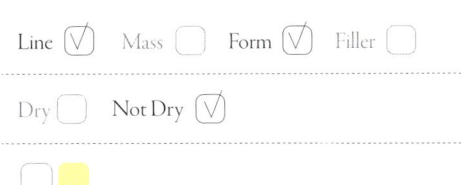

83

Tulip
Tulipa hybrids

튤립
백합과 Liliaceae

another name
다른이름 울금향(鬱金香)

튤립(Tulipa)은 꽃의 모양이 마치 이슬람교도들이 사용하던 머리두건인 터번(turban)과 닮아 페르시아의 고어 'tulipan'에서 유래되었다. 스페인에서는 튤립을 'tulipan'이라고 부른다.

Tulip originated from an ancient Persian word 'tulipan' meaning a 'turban' on Islamite's head. In Spain, it is called 'tulipan'.

The color and shape of flowers are so beautiful that demand for tulip is very big from winter to early spring. During the daytime or in a hot place its petals are open while they are closed in the evening or at a low temperature. As it continues to grow even after picking, its stem becomes thinner and softer and finally get droopy. Keeping in the same water bucket with daffodils shortens its life dramatically because of daffodil's sap.

꽃의 색이나 형태가 아름다워 겨울부터 이른 봄까지 매우 많은 양이 소비되는 꽃으로 낮이나 더운 곳에서는 꽃잎이 벌어져 있다가 저녁이 되거나 기온이 떨어지면 다시 오므라든다. 튤립은 채취된 후에도 지속적으로 길이 생장을 하게 되어 시간이 지날수록 줄기가 가늘고 부드러워져 심한 경우에는 늘어지기도 한다. 수선화와 같은 물통에 보관할 경우 수선화의 분비물로 인하여 급격한 수명 감소 현상이 나타난다.

30~60 cm

5~7 days

10 stems

Line ✓ Mass ✓ Form ☐ Filler ☐

Dry ☐ Not Dry ✓

| 84 | **Astilbe** *Astilbe hybrids* | **노루오줌** 범의귀과 Saxifragaceae |

another name goat's beard, false spirea
다른이름 아스틸베

Various colors of flowers bloom conically. Unless water is sufficiently provided up to the tips of the flowers, neck-bending and wilt are inevitable. Successful water-uptake is needed.

꽃자루들의 모여 피는 형태가 원추형을 이루며, 색이 매우 다양하다. 한국의 꽃시장에서는 '노루오줌'이라는 이름보다 속명이 더 많이 사용되고 있다. 꽃줄기 끝의 꽃들까지 충분히 수분 흡수가 되지 않으면 끝부분이 쉽게 구부러지면서 시들게 되므로 물올림에 유의하여야 한다.

30~60 cm

5~7 days

1 bunch

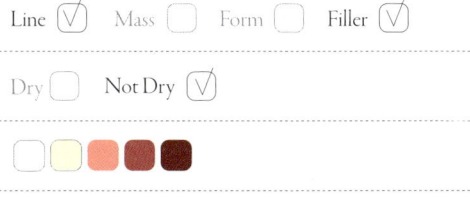

85	**Summer Lilac** *Buddleja davidii*	부들레야
		부들레야과 Buddlejaceae

another name butterfly bush, orange eye
다른이름 여름라일락, 붓들레야

Small flowers bloom densely on a flower stalk forming a conical shape. As it looks like a lilac, it is also called a summer lilac. Though its flowers are beautiful, it is very weak. Even after water-uptake, its flower stalk readily withers and flowers fall frequently.

작은 꽃들이 꽃자루에 다닥다닥 붙어있어 원추형태를 이루고 있으며 라일락과 비슷하게 생겼지만 여름에 피어 '여름라일락'이라 부르기도 한다. 꽃은 아름답지만 물올림 후에도 쉽게 꽃자루의 끝이 시들거나 꽃이 잘 떨어지는 편이다.

30~70 cm

3~5 days

1 bunch

Line ☑ Mass ☑ Form ☐ Filler ☐

Dry ☐ Not Dry ☑

Crocosmia
Crocosmia x crocosmiiflora

크로코스미아
붓꽃과 Iridaceae

another name falling stars
다른이름 이끼시아, 애기 범부채

'크로코스미아(Crocosmia)'는 라틴어의 'croceus(샤프론 색상이 나는 saffron-coloured)'에서 유래되었다.

Crocosmia originated from a Latin word 'croceus' meaning 'saffron-colored'.

Small flowers blooming along a stem and fruits after flower-falling are very valuable for ornamental purposes. Its water-uptake is good. Though a flower is short in life, its overall life looks fairly long because flowers continuously bloom along the stem.

줄기를 따라 피는 작은 꽃들과 꽃이 진 후 달리는 열매 모두 관상가치가 매우 높다. 물올림도 비교적 좋으며, 하나하나의 꽃은 수명이 길지 않지만 줄기를 따라 지속적으로 개화하여 전체의 수명은 매우 긴 편이다.

Freesia
Freesia hybrids

프리지아
붓꽃과 Iridaceae

another name
다른이름 프리지어, 후리지아(잘못 부르는 이름)

It has wide popularity from late winter to spring due to its beautiful flowers and sweet scent. Keeping it in the same water bucket with daffodils shortens its life because of fluids from daffodils. So it is advisable to keep them separately. Cut-flower preservative or germicide helps its blooming. Its ethylene sensitivity is average.

향기가 좋고 꽃이 아름다워 늦은 겨울부터 봄까지 많이 사용되는 꽃이다. 그러나 수선화와 함께 물통에 꽃아둘 경우 수선화에서 발생되는 분비물로 인하여 수명이 감소되므로 반드시 별도로 관리해 주어야 한다. 절화보존제나 살균제를 사용하면 봉오리의 끝부분까지 개화하는데 도움이 된다. 에틸렌에 대한 민감도는 보통이다.

Gladiolus
Gladiolus grandiflorus

글라디올러스
붓꽃과 Iridaceae

another name sword lily
다른이름

글라디올러스(Gladiolus)는 '찌르는 검(small sword)'이라는 뜻의 라틴어 'gladius'에서 유래된 것으로 뾰족한 잎의 형태로 인하여 붙여진 이름이다.

"Gladiolus" came from a Latin word 'gladius' meaning 'small sword', due to its pointy leaves.

Flowers blooming along a stem face toward one direction. Because of its negative geotropism, the tip of its stem bends upward when kept widthwise. It blooms quickly and its petals are soft enough to be easily spoiled so that it is advisable to purchase stems with one or two buds at the lower part. Timely purchase and inflorescence are advised.

줄기를 따라 피는 꽃들은 보통 하나의 방향을 향하며, 항굴지성에 민감하여 눕혀서 보관하면 꽃줄기의 끝부분이 위를 향해 굽게 된다. 빠른 시간에 개화하고 꽃잎이 부드러워 쉽게 손상되므로 가장 아래 봉오리 한 두 송이의 화색이 보이는 정도의 것을 구입하는 것이 좋다. 되도록 필요한 시기에 맞추어 미리 구매한 후 직접 개화시켜 사용하는 것이 좋다.

60~120 cm

5~10 days

10 stems

| 89 | # Blackberry Lily
Iris domestica (Syn. : *Belamcanda chinensis*) | 범부채
붓꽃과 Iridaceae |

another name leopard flower, belamcanda
다른이름 사간

It is called 'leopard flower' in English as it has a leopard skin like pattern on its flower. Its leaves grow spreading like a fan. Several clusters of small flowers bloom continuously on one stem but each flower doesn't last long. Originally it was classified into 'Belamcanda', but in 2005 it was reclassified into the genus of 'Iris' according to the DNA-based classification system.

꽃에 호피와 비슷한 무늬가 있으면서 잎이 부채처럼 펼쳐져 자라 '범부채'라고 부른다. 하나의 줄기에 여러 송이의 작은 꽃들이 달려 지속적으로 피지만 하나하나의 수명은 매우 짧다. 본래는 '사간 속(Belamcanda)'으로 분류하였으나 2005년 DNA 분자를 기반으로 한 여러 정황으로 인하여 'Iris 속'으로 재분류되었다.

50~90 cm

5~10 days

1 bunch

Iris
Iris hybrids

another name dutch iris, bulbous iris, bulb iris
다른이름 구근아이리스

아이리스
붓꽃과 Iridaceae

It has usually two flowers on one stem, but they look as if they are one. When one flower is about to wilt, the other protrudes from the inside of a leaf sheath. Because of the secretion from the vessels of the daffodils, keeping it with daffodils in the same bucket shortens its life. High temperatures quicken its florescence. After purchasing the buds, if open flowers are needed, spray some water and cover the flowers with a plastic bag and keep them in room temperature.

하나의 줄기에 보통 두 개의 봉오리가 맺히는 꽃으로 외부에서 보았을 때는 하나의 꽃으로 보이지만 시들 때를 전후로 잎 집의 안쪽에서 다른 봉오리가 돌출된다. 수선화와 같은 물통에 꽂을 경우 수선화의 도관을 통해 나오는 분비물로 수명이 감소되며 온도가 높을 경우 빠르게 개화한다. 봉오리 상태로 구매한 후 빠른 시간내에 개화시키고 싶다면 약간의 물을 분무한 후 비닐봉투를 덮어 실온에 두면 된다.

30~80 cm

4~7 days

10 stems

91	**Brunia**	브루니아
	Brunia laevis	브루니아과 Bruniaceae
	another name 다른이름	

It imparts a very unique impression because of its vivid grey color. Mostly imported from such countries as Australia and the Netherlands. Its life span is very long. Different species have different colors ranging from silver grey to greenish grey. So does its size.

식물체 전체가 선명한 회색빛을 띠어 독특한 이미지를 준다. 대부분 오스트레일리아, 네덜란드 등지에서 수입되어 유통되며 수명도 매우 길다. 종에 따라 선명한 은회색에서 부터 녹색에 가까운 회색까지 여러 색상이 유통되고 있으며, 크기도 조금씩 다르다.

30~50 cm

14~21 days

1 bunch

92 Berzelia
Berzelia lanuginosa

another name
다른이름 베르젤리아

버질리아
브루니아과 Bruniaceae

Very tiny flowers looking like small fruits bloom in dense. Its lignified stem is hard and it is sold in short stems. The life span of this flower is very long and it is available almost all year round.

아주 작은 꽃들이 모여서 빽빽하게 피기 때문에 작고 귀여운 열매처럼 보인다. 줄기는 목질화 되어 단단하지만 비교적 짧게 잘라져 유통되며, 수명이 매우 길지만 대부분 수입에 의존되기 때문에 가격이 매우 높게 형성되어 시장에 유통된다. 그러나 거의 일 년 내내 수입되어 유통되고 있다.

Hanging Amaranthus
Amaranthus caudatus

줄맨드라미
비름과 Amaranthaceae

another name foxtail amaranth, tassel flower, tassel cockscomb
다른이름 행잉 아마란터스, 줄비름

그리스시대에는 Amaranth를 불멸의 상징으로 사용되었다. 실제로 Amaranth는 고대 그리스어의 '영원히 변치 않는', '불멸의'라는 의미를 가지고 있다.

In the ancient Greek age Amaranth symbolized eternity. Amaranth in Greek means 'unchanging forever' or 'immortal'.

A thin long-rope shaped amaranthus stretches its main stem upward and branches out with its flower stems hanging downward. The shortest one is 20cm while the longest is about 1m. In the West its oil is used as an ingredient for medical or cosmetic purposes. Though it has various colors, ironically its genus name 'Amaranth' means bright red.

가늘고 긴 밧줄 형태로 생긴 맨드라미로 주 줄기는 하늘을 향해 자라면서 가지가 갈라지고 꽃줄기는 아래로 늘어지면서 달린다. 짧은 것은 20cm에서부터 긴 것은 1m 내외의 것이 유통되기도 한다. 서양에서는 오일을 추출하여 의약품이나 화장품의 원료로 사용하기도 한다. 줄맨드라미의 색상은 여러 가지가 있지만 아이러니하게도 속명인 'Amaranth'는 밝은 빨강색을 의미하기도 한다.

30~100 cm

5~7 days

1 bunch

| 94 | **Amaranthus** *Amaranthus cruentus* | 선줄맨드라미 비름과 Amaranthaceae |

another name mexican grain amaranth, prince's feather
다른이름 선줄비름

It looks very similar to tassel cockscomb in shape, but different in its flower stem shape of stretching upward. Its circulation period in the market is short. As its stem gets pulpy easily, care is called for water control.

줄맨드라미와 형태가 매우 흡사하지만 줄맨드라미가 아래로 늘어져 자라는 것에 비해 선 줄맨드라미는 꽃자루를 곧추세운 형태로 자란다. 시중에 유통되는 시기는 길지 않은 편이며, 줄기가 물에 닿으면 쉽게 무르기 때문에 물관리에 주의해야 한다.

30~70 cm

5~7 days

1 bunch

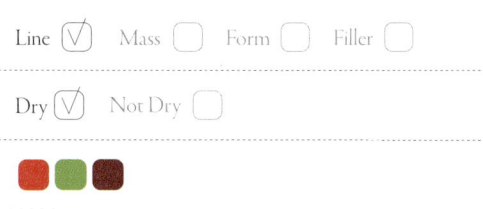

95 Plumed Celosia
Celosia argentea (Syn.: *Celosia plumosa*)

맨드라미
비름과 Amaranthaceae

another name mexican grain amaranth, plumed cockscomb
다른이름 깃털 맨드라미, 촛불 맨드라미

As its shape looks like a candle light, it is called 'a candle light cockscomb' in Korea. Compared with other cockscombs, its flowers are brighter and more various in color. It is available in the market for quite a long time.

맨드라미의 형태가 마치 촛불처럼 생겨 촛불 맨드라미라고 부른다. 완전히 다 자라면 긴 깃털 형태를 이루기도 하지만 초기에는 전체가 촛불처럼 보인다. 다른 맨드라미에 비해 색상이 좀 더 밝고 다양하지만 전체의 길이는 길지 않게 시장에 유통된다. 다른 맨드라미에 비해 유통되는 기간이 짧다.

30~60 cm

4~7 days

1 bunch

Feather Celosia
Celosia argentea var. *spicata*

맨드라미
비름과 Amaranthaceae

another name plumed cockscomb, feather cockscomb
다른이름 비타 맨드라미, 개 맨드라미, 깃털 맨드라미

Among all cockscombs, it has the greatest number of sprays with a small inflorescence. In floral design, cockscomb is often used to give a voluminous impact. However, this flower is mostly used as a filler.

맨드라미들 중에서 가지가 유난히 많이 분지되고 분지된 줄기 끝에 작은 화서가 달린다. 보통의 맨드라미의 경우 디자인에서 부피감을 주기 위해 사용되지만 이 종류의 맨드라미는 공간을 채우는 'Filler'의 용도로 많이 사용된다.

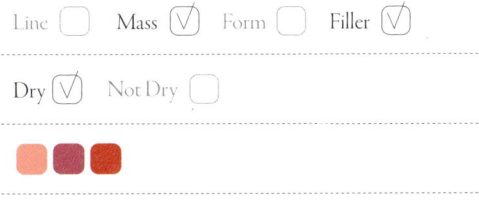

Celosia
Celosia cristata

맨드라미
비름과 Amaranthaceae

another name brain flower, cockscomb
다른이름 계관화

It has a thick stem, and small cockscomb-like flowers densely bloom on the tip of the stem. Its flower is unique in shape while its stem doesn't have ornamental value. For this reason, only flowers are highlighted in the floral design. The stem gets easily spoiled in water so that frequent water change and less amount of water in the flower bucket are necessary.

줄기가 두껍고 줄기 끝에 닭 벼슬 형태로 작은 꽃들이 밀집되게 달려 있다. 관상가치가 거의 없는 줄기에 비해 꽃의 형태가 매우 독특하여 대부분 꽃의 형태가 돋보이도록 디자인에 사용하는 경우가 많다. 줄기는 물에서 쉽게 부패되므로 물을 자주 교체해 주어야 하며 물에 닿는 부위가 지나치게 많지 않도록 관리하는 것이 좋다.

Gomphrena
Gomphrena globosa

천일홍
비름과 Amaranthaceae

another name globe amaranth, bachelor button
다른이름 곰프레나

As its stem forks out, small round flowers bloom on each tip. It remains in shape after dried. Even in a fresh state it rustles because it has not much moisture. As its water-uptake is not good, it is subject to neck-bending. Careful water control is called for.

줄기가 갈라져 자라면서 가지 끝에 둥근 형태로 작은 꽃들이 핀다. 꽃은 건조 후에 형태 변화가 거의 없으며, 건조되지 않은 상태에서도 수분이 많지 않아 바스락거린다. 줄기를 통한 물올림이 좋지 않아 쉽게 꽃 목굽음 현상이 나타나므로 물 관리에 주의해야 한다.

30~50 cm

5~10 days

1 bunch

Line ☐ Mass ☑ Form ☐ Filler ☑

Dry ☑ Not Dry ☐

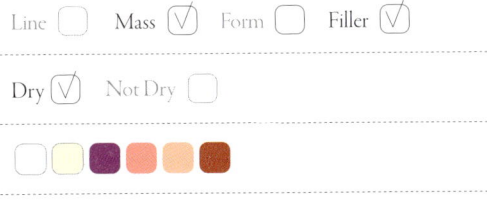

99	**Ginger**	진저
	Alpinia purpurata	생강과 Zingiberaceae
	another name ostrich plume, torch ginger	
	다른이름 알피니아	

This tropical flower in vivid color grows big, but its color turns dark or dull when kept at a low temperature. It is imported from tropical regions.

열대지역에서 자라는 꽃으로 크기가 크게 자라며, 색도 선명하지만 저온에서 보관할 경우 색이 검은 색을 띠거나 탁하게 변한다. 우리나라에서는 기후가 맞지 않아 재배가 어려우므로 열대지역에서 수입 되어 유통된다.

60~120 cm

14~21 days

1 stem

Curcuma
Curcuma spp.

another name hidden lily
다른이름 울금

쿠르쿠마
생강과 Zingiberaceae

쿠르쿠마(Curcuma)는 아라비아어의 'Kurkum'에서 유래되었다. 'Kurkum'은 노랑(yellow)을 의미하며, 이것은 쿠르쿠마의 꽃이나 근경(뿌리줄기)의 색상 때문이다. 쿠르쿠마는 생강과로 카레의 가루를 만드는 강황(Curcuma longa)과 같은 '속'의 식물이다.

The name 'Curcuma' came from the Arabian word 'Kurkum' meaning yellow. It is called so because its flowers and rootstocks are yellow. It belongs to Zingiberaceae family and to the same genus of Curcuma longa that is an ingredient of curry powder.

Small flowers bloom between pink or white bracts and dark greenish bracts down below. Bracts are often mistaken for petals, but closer look reveals small flowers between the bracts. Its stem is slick and its life span is long. However, it is recommended to keep it above 7℃(45℉) as its color changes when kept at a low temperature for a long time.

쿠르쿠마는 핑크색이나 흰색을 띤 꽃잎처럼 보이는 '포엽'들과 녹색의 '포엽'들 사이사이에서 작은 꽃들이 핀다. 보통 '포엽'을 꽃잎으로 오인하는 경우가 많지만 자세히 보면 포엽 사이에서 작은 꽃들을 발견할 수 있다. 줄기는 매끈하고 수명도 긴 편이지만 저온에 장시간 두면 화색이 변하기도 하므로 7℃(45℉)이하의 온도에는 두지 않도록 해야 한다.

60~100 cm

7~14 days

1 stem

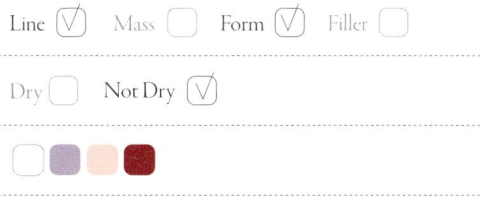

101 | Dianthus, Sweet William
Dianthus barbatus

수염 패랭이
석죽과 Caryophyllaceae

another name
다른이름 석죽, 스위트 윌리엄

As its leaves are soft, they easily get pulpy in water. Hence the leaves that will fall under the water line need to be removed before water-uptake. Frequent water change is necessary and stem-recutting is also advisable. Thanks to cross breed, recently various species can be found in the market.

잎이 부드럽고 물에 닿으면 쉽게 부패하므로 물올림을 할 때 물 속에 잠기는 부분의 잎은 깨끗하게 제거하는 것이 좋다. 물을 자주 교체해 주고 교체할 때는 줄기를 재절단 하는 것이 좋다. 최근에는 교잡을 통해 다양한 품종이 유통되고 있다.

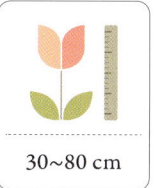

30~80 cm

5~10 days

1 bunch

Carnation
Dianthus caryophyllus

102

another name
다른이름 다이안투스

카네이션
석죽과 Caryophyllaceae

카네이션(Dianthus)은 '신성한 꽃(divine flower)'이라는 의미를 가지고 있다. 중세시대의 종교화에서 카네이션이 자주 등장하는 것은 이러한 의미 때문이다.

Dianthus means 'a divine flower'. For this reason, carnation is often seen in medieval religious paintings.

Carnation has opposite leaves. As its leaves are thin and narrow, moisture loss is small. it is sensitive to ethylene. When it is exposed to ethylene, sometimes flowers either do not fully bloom or wilt and leaves curl up. Care should be taken to prevent such phenomena.

잎은 줄기의 마디에서 양쪽으로 마주나며, 잎이 좁아 증산을 통한 수분손실이 적다. 에틸렌에 매우 민감하여 에틸렌에 노출되면 꽃이 제대로 개화하지 못하고 시들거나 꽃잎이 말리는 경우가 있으므로 주의해야 한다. 되도록 환기가 잘되는 장소에 보관하고 물을 자주 교체해 주는 것이 좋다.

30~100 cm

7~14 days

20 stems

Miniature Carnation
Dianthus caryophyllus

카네이션(스프레이 타입)
석죽과 Caryophyllaceae

another name spray carnation, mini carnation
다른이름 미니 카네이션, 스프레이 카네이션

From the tip of a stem, several small flowers bloom successively. As a whole it lasts longer than a standard carnation which has only one flower on each stem. Water control is not different from standard carnations. In floral design, spray carnations are used as fillers which supplement overall shape of the design or give volume to the design.

스프레이 타입의 카네이션은 줄기의 끝에서 여러 송이의 작은 꽃들이 지속적으로 핀다. 전체적으로 보면 한 줄기에 한 송이가 피는 스텐다드형 보다 수명이 길다. 물관리는 스텐다드형과 동일하게 취급하면 된다. 주로 형태를 보충하거나 작품에 볼륨을 주는 용도로 많이 사용된다.

30~60 cm

7~14 days

1 bunch

104 Baby's Breath
Gypsohila paniculata

숙근 안개초
석죽과 Caryophyllaceae

another name gypsophila
다른이름 안개꽃

The genus name is from the Greek gypsos("gypsum" and philios("loving"),.

Like a mist, small flowers bloom expansively on a stem. The flowers are weak at ethylene. Since they are also vulnerable to moisture and high temperature, such an environment would discolor or wilt flowers. Maintenance of clean water and clean stems is needed. Stem-recutting is advisable for each water change.

안개처럼 작은 꽃들이 줄기에 분산되어 달려있다. 에틸렌이나 고온다습한 환경에서는 꽃이 검게 변하거나 시들게 된다. 줄기나 잎은 물에 닿으면 쉽게 부패하므로 줄기와 사용되는 물은 늘 청결하게 유지하고 물을 교체할 때마다 줄기는 재 절단하는 것이 좋다.

| 105 | Silene
Silene armeria | 끈끈이 대나물
석죽과 Caryophyllaceae |

another name sweet william catchfly
다른이름 시레네

Unlike most other plants that are called in their common names, this plant is called in its generic name 'silene' in the market. As its habitude is similar to gypsophila, frequent water change is needed. Its life span is not so long.

줄기에서 분비되어 나오는 유액이 끈끈하고 대나무처럼 마디가 두꺼워 끈끈이 대나물이라 부른다. 그러나 다른 대부분의 식물들이 보통명으로 유통되는데 비해 이 식물은 유독 속명 '시레네'로 유통되고 있다. 습성은 숙근 안개초와 매우 비슷하여 줄기가 쉽게 무르기 때문에 물을 자주 교체해 주어야 하며, 수명은 그다지 길지 않다.

30~60 cm

4~5 days

1 bunch

Line ☐ Mass ☐ Form ☐ Filler ☑

Dry ☐ Not Dry ☑

106	**Hydrangea**	수국
	Hydrangea macrophylla	수국과 Hydrangeaceae
	another name bigleaf hydrangea	
	다른이름 수구화	

As its flower is big and splendid, it is one of the most popular flowers for wedding. Though beautiful the flower is, unsuccessful water uptake causes sudden wilt of the flower. However, soaking the whole plant in water for a while can revive the flower. The use of alum in the first water uptake and anti-transpirant after the completion of a design would be helpful.

수국은 국내에서 생산되는 품종과 외국에서 수입되는 품종 등이 모두 시중에 유통되고 있으며, 꽃이 크고 화려하여 결혼식을 위한 장식에 많이 사용되고 있다. 꽃은 매우 아름답지만 물올림에 실패하면 순식간에 시들게 되는데, 이런 경우 물에 식물체 전체를 잠기도록 한동안 두면 다시 좋아지기도 한다. 수국은 처음 물올림 할 때 알륨(alum)을 사용하거나 디자인이 완성된 후에는 증산작용 억제제를 뿌려주는 것도 도움이 된다.

30~60 cm

5~10 days

1 stem

107 Mountain Hydrangea
Hydrangea serrata

산수국
수국과 Hydrangeaceae

another name hortensia, bigleaf hydrangea
다른이름 거치엽수구화

Mountain Hydrangea is native to mountainous regions of Korea. Its habitude is very similar to that of hydrangea, but its water-uptake is better. In Korea, while hydrangea is sold by a stem, this plant is on sale by a bunch. Too many leaves on the stem of cut flowers cause loss of water so that removing unnecessary leaves before the first water-uptake is advisable.

식물의 습성은 수국과 매우 흡사하지만 물올림이 좀 더 원활한 편이다. 수국들이 1줄기씩 유통되는데 비해 산수국은 한단씩 묶여 유통되는 것이 다르며, 꽃시장에서도 대부분 꽃을 취급하는 곳 보다는 절엽이나 절지를 취급하는 곳에서 판매하는 경우가 많다. 잎이 너무 많으면 절화 상태에서는 수분 손실이 많아지므로 처음 물올림 할때는 잎을 꼭 필요한 부분만 남겨두고 제거하는 것이 좋다.

40~80 cm

5~10 days

1 bunch

| 108 | **Agapanthus** *Agapanthus africanus* | 아가판서스 수선화과 Amaryllidaceae |

another name lily of the nile, African lily
다른이름 아가판투스, 아프리카 백합, 자주군자란

Small trumpet-like flowers bloom on the tip of a smooth stem. When exposed to ethylene, flowers are liable to fall before blooming. The cut-flower preservative helps prevent any loss of small flowers.

아가판서스는 매끈한 줄기의 끝에 트럼펫 형태의 작은 꽃들이 모여 핀다. 에틸렌에 노출되면 작은 꽃들이 미처 피지 못하고 떨어지기도 하는데, 작은 꽃들의 손실 없이 모두 개화시키고 싶다면 절화보존제를 사용하는 것이 좋다.

60~120 cm

7~10 days

1 stem

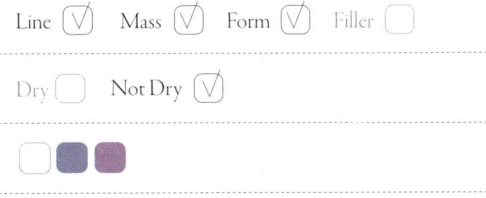

| 109 | Allium 'Neapolitan'
Allium neapolitanum (Syn.: *Allium cowanii*) | 네아폴리탄 알리움(코와니)
수선화과 Amaryllidaceae |

another name　neapolitan garlic, naples onion, flowering onion
다른이름　네아폴리탄 알리움, 나폴리 알리움, 코와니

'Allium' means 'smell' in English. Plants of the allium genus smell garlic or onion when a stem is cut. Its stem is thin and curvaceous, and small umbrella shape of flowers beautifully bloom on the tip of the curvaceous stem.

'Allium'이라는 속명이 '냄새'라는 의미를 담고 있듯이 'Allium 속'의 식물은 줄기를 자르면 마늘이나 양파의 향기가 난다. 줄기가 부드럽고 유연한 곡선을 이루고 있으며 곡선의 줄기 끝에서 우산형태로 피는 작은 꽃들이 매우 아름답다. 시중에서는 '코아니', '호아니' 등의 잘못된 이름으로 부르고 있다.

30~50 cm

5~10 days

10 stems

Line [V] Mass [V] Form [ ] Filler [ ]

Dry [ ] Not Dry [V]

Allium 'gigantium'
Allium gigantium

알리움
수선화과 Amaryllidaceae

another name flowering onion, gigantia allium, giant onion
다른이름 자이언트 알리움, 기간티아 알리움

Small flowers form a sphere at the very top of the bloom. When its stem is cut, it smells garlic or wild onion. It lasts rather long, but after full blooming a lot of pollen floats around so that care is called for.

작은 꽃들이 둥근 '구'의 형태로 모여 피며, 줄기를 자르면 마늘이나 달래의 줄기를 절단하였을 때와 비슷한 향이 난다. 비교적 수명이 길지만 작은 꽃들이 완전히 개화한 후에는 꽃가루가 많이 떨어지므로 주의하도록 해야 한다.

50~120 cm

7~14 days

1 stem

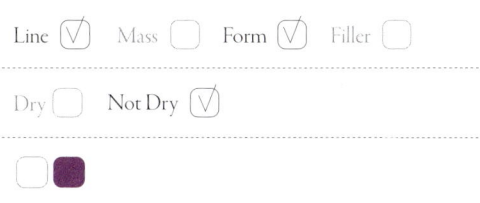

111 Sicilian honey lily
Allium siculum (Syn.: *Nectaroscordum siculum*)

시쿨룸 알리움
수선화과 Amaryllidaceae

another name mediterranean bells
다른이름 시칠리안 허니릴리, 지중해의 종

On the tip of a straight and slick stem, bell-shape flowers bloom downwards. It is called 'Sicilian honey lily' because each of its small flower is very similar to a lily. it is highly valued as a cut-flower because it is beautiful and durable.

시쿨룸 알리움은 곧고 매끈한 줄기의 끝에서 종처럼 생긴 꽃들이 아래를 향해 핀다. 하나 하나의 작은 꽃송이는 백합과 매우 비슷하게 생겨 'Sicilian honey lily'라고 부른다. 꽃이 매우 아름답고 수명이 길어 절화로서의 가치가 높지만 대부분 수입되어 유통되기 때문에 가격 형성이 높은 편이다.

70~120 cm

7~14 days

1 stem

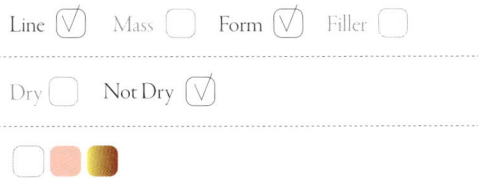

112 | **Allium 'Drumstick'**
Allium sphaerocephalon

드럼스틱 알리움
수선화과 Amaryllidaceae

another name ball-head onion, allium drumstick
다른이름 알리움 드럼스틱

It is called a drumstick allium because of its drumstick-like shape. Its curvaceous stem looks gorgeous, but it smells garlic when its stem is cut. A flower ball made of tiny flowers blooming round on the tip of a stem is about 3-4cm in diameter. Tiny flowers in violet color bloom downward.

드럼을 두드리는 스틱과 비슷한 형태로 생겨 '드럼스틱'이라는 이름으로 부른다. 줄기를 자르면 마늘이나 양파와 비슷한 향기가 나며, 줄기는 곡선이 있어 아름답다. 줄기의 끝에 둥글게 모여 피는 꽃들은 크기가 매우 작으며, 전체 꽃송이의 크기는 약 3~4cm 정도이다. 작은 보라색 꽃들이 위에서 아래로 핀다.

60~100 cm

7~14 days

10 stems

113

Cyrtanthus
Cyrtanthus mackenii

키르탄서스
수선화과 Amaryllidaceae

another name fire lily
다른이름 기르탄투스

At the end of its slick and hollow stem, bloom several small trumpet-like flowers. They are delicate and beautiful, but don't last long. As its stem is fragile, care should be taken.

매끈하고 속이 비어있는 줄기의 끝에 작은 트럼펫처럼 생긴 꽃들이 여러 개 달린다. 꽃은 섬세하고 매우 아름답지만 수명이 그다지 길지 않다. 줄기가 쉽게 부러지므로 관리에 주의해야 한다.

40~60 cm

4~7 days

1 bunch

Line [V]　Mass [V]　Form [ ]　Filler [ ]

Dry [ ]　Not Dry [V]

| 114 | **Amaryllis** *Hippeastrum hybrids* | **아마릴리스** 수선화과 Amaryllidaceae |

another name
다른이름 히피에스트럼

It is one of the most typical bulbous plants, and its bulb looks like an onion. It is often on sale as a pot-flower, but recently demand for the cut-flowers is increasing. It is imported from the Netherlands. Sometimes the end of its stem splits in water. To prevent it, filling water inside the hollow stem and then gagging it with cotton will help it remain fresh in water for a long time.

대표적인 구근식물 중 하나로 구근은 양파와 매우 흡사하다. 구근상태의 분화로 유통되는 경우가 많았지만 최근에는 절화 상태로도 유통이 증가하고 있다. 국내 재배량 외에도 네델란드 등지에서 수입되는 것도 유통된다. 물에 꽂아두면 꽃줄기의 끝이 갈라지는 현상이 자주 발생되며, 속이 비어있는 줄기 내부 공간에 물을 채운 후 솜으로 살짝 막아 물에 꽂아두면 좀 더 오랫동안 신선도를 유지할 수 있다.

50~100 cm

7~14 days

1 & 2 stems

115 Daffodil
Narcissus pseudonarcissus

another name narcissus, lent lily, trumpet daffodil
다른이름 나팔수선화

수선화
수선화과 Amaryllidaceae

수선화(Narcissus)는 그리스 신화에 등장하는 이름으로 'Narcissus'는 '마비'를 의미하는 'numbness'에서 유래되었다고 한다.

'Narcissus' is the name of a character in a Greek myth. Narcissus' means 'numbness'.

As its petals are soft and fragile, it is greatly recommended to buy the flower before blooming because full-bloomed flowers are easily damaged during the circulation. Its water-uptake is rather good, but lukewarm water is helpful for this flower. Its viscous fluid from aqueducts of a stem often ill-affect the water-uptake of other plants. Therefore it should be kept in a separate container. Its ethylene sensitivity is average.

꽃잎이 부드럽고 연약한 편이므로 완전히 개화된 것은 유통 과정에서 손상되는 경우가 많아 개화하기 전의 것을 구입하는 것이 좋다. 물올림이 비교적 좋은 편이지만 처음 물올림 할 때는 미지근한 물을 사용하는 것이 좀 더 도움이 된다. 수선화는 줄기의 도관에서 나오는 점액물질이 다른 식물의 물올림에 악영향을 미치는 경우가 많으므로 반드시 단독으로 용기에 꽂아두는 것이 좋다. 에틸렌에 대한 민감도는 보통이다.

30~50 cm

4~7 days

10 stems

116 | # Narcissus
Narcissus tazetta var. *chinensis*

타제타 수선화
수선화과 Amaryllidaceae

another name mini lily, paperwhite, bunch flowered narcissus
다른이름 미니수선화, 방울수선화

Compared with a narcissus, this flower is smaller. and several small flowers bloom on one stem. Its stem is soft and tender, and hollow inside. Since the plant is fragile, close care is needed.

수선화에 비해 꽃이 작고 하나의 줄기에 여러 개의 작은 꽃송이가 달린다. 줄기는 부드럽고 연약한 편이며 줄기의 내부가 비어 있어 쉽게 꺾이기도 하므로 보관에 주의하도록 해야 한다.

30~50 cm

4~7 days

10 stems

Line ☐ Mass ☑ Form ☐ Filler ☑

Dry ☐ Not Dry ☑

☐ 🟨

117 Nerine Lily
Nerine hybrids

네리네
수선화과 Amaryllidaceae

another name diamond lily
다른이름 다이아몬드 릴리

Very similar to a Licoris in shape, but it is different from Licoris in that its petals are much longer compared with its pistils and stamens. It has white, cream or pink flowers. Its stem is smooth and straight. Its life span is longer than a Lycoris

식물체 전체가 석산(Licoris)과 매우 비슷한 형태를 가지고 있지만 석산과 다른 점은 암술, 수술에 비해 꽃잎이 훨씬 길다. 네리네는 대부분 수입되어 유통되고 있어 꽤 높은 가격으로 판매되고 있다. 5대나 10대가 한 단을 이루지만 비싼 가격 때문에 도매시장에서 1대 단위로 판매하기도 한다. 줄기가 곧고 매끈하며, 잎 없이 꽃만 판매한다. 석산에 비해 수명이 길고 봉오리 상태에서 개화도 원활하다.

40~60 cm

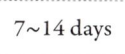
7~14 days

5&10 stems

| 118 | **Iberis**
Iberis amara | 이베리스
십자화과 Brassicaceae |

another name candytuft
다른이름 서양말냉이

On the tip of a forked stem, small flowers bloom in circle. It is indefinite inflorescence that flowers bloom from the edge to the center. Though beautiful, its life span is short. When the plant meets its end, a multitude of small flowers fall off the stem. Special care is needed in water management as its stem is apt to be pulpy in water. Removing leaves and small stems before water-uptake is advised.

여러 갈래로 갈라지는 줄기의 끝에 작은 꽃들이 둥글게 핀다. 이 꽃은 가장자리에서 안쪽으로 피는 무한화서이다. 꽃은 아름답지만 수명은 길지 않고 오래되거나 수명이 다하면 작은 꽃들이 우수수 떨어지기도 한다. 줄기도 물에 쉽게 무르는 편이므로 물 관리에 주의하고 물에 잠기는 부분의 잎이나 작은 줄기들은 깨끗하게 정리하여 물올림 하는 것이 좋다.

20~50 cm

4~7 days

1 bunch

Stock
Matthiola incana

스토크
십자화과 Brassicaceae

another name tenweeks stock, gilliflower
다른이름 비단향꽃무

스토크(Matthiola)는 오스트리아의 황제 'Maxmillianr'의 주치의 'Matthiole'의 이름에서 유래하였다. 스토크는 엘리자베스여왕 시대부터 인기 있는 코티지 가든을 위한 식물로 사용되어왔다.

'Matthiola' originated from 'Mattiole', the family doctor of an Austrian emperor named Maxmillianr. Stock has been very popular for the cottage garden since the times of Queen Elizabeth.

Small flowers bloom along a stem. Flowers of single-layered as well as double-layered are circulated in the market. As its stem is tender, it is easily spoiled in dirty water. Small amount of floral food helps keep water clean. Frequent water change is also needed. Try to keep the stem above water as long as possible so that the spoiled part of a stem can be cut off little by little several times.

줄기를 따라 작은 꽃들이 달리는 스토크는 홑꽃과 겹꽃이 유통되고 있으며, 줄기가 부드러워 물통 내부의 물이 부패될 경우 줄기의 손상이 매우 심한 편이다. 살균제나 수명연장제를 소량 첨가하여 물의 부패를 막아주는 것이 좋으며, 물도 자주 교체해 주도록 한다. 줄기는 지나치게 많은 부분이 물에 잠기지 않도록 하고, 줄기의 조직이 파괴되는 부분은 조금씩 잘라주며 관리하면 수명연장에 도움이 된다.

30~80 cm

4~7 days

1 bunch

120 | Lily of the Valley
Convallaria majalis

독일은방울꽃
아스파라거스과 Asparagaceae

another name convallaria
다른이름 · 은방울꽃

Small bell-shape flowers, slightly splitted at its end, bloom along a stem. Its leaves are very big and leaf out around flowers. In the market, only flowers with no leaves on are in demand. Because of its high price, it is not so much used in floral design even though its beauty stands out in a bouquet.

은방울꽃은 작고 끝이 살짝 갈라진 종처럼 생긴 꽃들이 줄기를 따라 매달려 핀다. 잎은 매우 넓으며 꽃줄기를 감싸며 달리는데, 보통의 경우 잎이 제외된 꽃들만 유통된다. 전체의 길이가 크지 않고 가격이 높은 편이어서 플로랄 디자인에 많이 활용되지는 않지만 부케를 만들면 매우 아름답다.

15~30 cm

3~4 days

1 bunch

Tuberose
Polianthes tuberosa

another name queen of the night
다른이름 월하향, 만향옥

튜베로즈
아스파라거스과 Asparagaceae

예로부터 튜베로즈(tuberose)는 다양한 행사 및 종교의식에 주로 사용되어 왔다. 꽃이 희고 아름다우며, 향기가 좋아 하와이나 인도의 전통결혼식에 많이 사용되어 왔다. 빅토리아시대에는 장례식을 위한 꽃으로도 애용되었다.

Polianthes는 그리스어로 '많은 꽃들'이라는 의미이며 tuberous는 '비대된', '덩이줄기 형태'에서 유래되었다.

From old times tuberose has been used for various events and religious rituals. Its white flowers are beautiful and aromatic so that they have been used for traditional weddings in Hawaii and India. In the Victorian age it was also used for funerals.

Polianthes means "many flowers" in Greek and tuberous means "swollen" or "tuberous"

Small flowers bloom along a stem. They are gorgeous both in shape and smell. Even after full-blooming its petals remain unfurled to some degree. It is mostly imported and marketable for quite a short period.

튜베로즈(tuberose)는 줄기를 따라 작은 꽃들이 피는데 꽃의 형태도 아름답지만 향기가 매우 강하다. 꽃은 완전히 개화하여도 꽃잎이 완전히 펼쳐지지는 않으며 약간만 벌어지는 것처럼 보인다. 대부분 수입되어 유통되며, 유통시기가 매우 짧은 편이다.

50~80 cm

5~10 days

1 stem&bunch

122 Hosta
Hosta longipes

비비추
아스파라거스과 Asparagaceae

another name plantain lily, narrow-leaf hosta
다른이름 산옥잠화, 장병옥잠

As flowers as well as leaves have ornamental value, both of them are circulated in the market. Its petals are tender so that water management dictates its life. It is better to keep only the tip of its leaf-stem in water and put it at a humid place. When a broad leaf is in water, it gets spoiled fast. Its flower stem is strong in water and stem-recutting is helpful to elongate its life. Flowers bloom from down to up.

비비추는 꽃과 잎이 모두 관상가치가 있어 두 가지 모두 시중에 유통된다. 잎이 부드러워 물관리에 따라 수명의 차이가 심하며 잎자루의 끝부분만 물에 닿도록 하여 습도가 유지되는 장소에 보관하는 것이 좋다. 넓은 잎몸 부분까지 물에 잠길 경우 더욱 쉽게 부패되므로 주의하도록 한다. 꽃자루는 잎에 비해 물에 강한편이고 꽃은 줄기를 따라 아래에서 위로 핀다. 줄기를 재절단 해주면 수명연장에 매우 효과적이다.

15~30 cm

4~7 days

5 & 10 stems

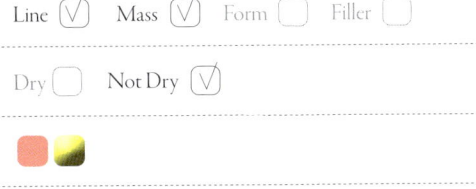

123 Hosta
Hosta plantaginea

another name fragrant plantain lily

옥잠화
아스파라거스과 Asparagaceae

다른이름 비녀옥잠화, 옥비녀꽃, 백학석

Its leaf is big and soft. A white transparent flower comes out from the center of a stem end. The flower is very fragrant, but so seasonal that it is on sale only in early summer. Originally it belonged to the Lilaceae family, but recently it is classified into the Asparagaceae family.

잎은 매우 넓고 부드러우며, 중심에서 긴 꽃줄기가 올라와 흰색의 투명한 꽃이 핀다. 꽃은 향기가 매우 좋지만 계절성이 강해 초여름에 한정적으로 유통된다. 본래는 백합과에 속하였으나 최근에는 아스파라거스과(Asparagaceae)로 재분류되었다.

30~60 cm

4~7 days

1 bunch

Line [V] Mass [V] Form [ ] Filler [ ]

Dry [ ] Not Dry [V]

Hyacinth
Hyacinthus orientalis

another name dutch hyacinth
다른이름 히야신스

히아신스
아스파라거스과 Asparagaceae

히아신스(Hyacinth)는 태양신 아폴로와 관련된 그리스 신화에서 유래된 이름으로, 아폴로가 아끼던 'Hyakinthos(히아킨토스)'가 죽으며 흘린 피에서 자란 꽃이라 하여 붙여진 이름이다.

'Hyacinth' originated from a Greek myth related with Apollo, god of the sun. When Apollo's beloved 'Hyakinthos' bled in her death, a flower bloomed from the blood. Thus it is so named.

From an onion-like bulb, long and narrow leaves and a flower stalk come out. Small flowers bloom in its flower stalk and the color and shape of the flowers are very beautiful. It is a favorite for the spring garden as well as for floral designers. Its ethylene sensitivity is low.

양파처럼 생긴 구근에서 좁고 긴 잎과 꽃대가 함께 나온다. 꽃줄기에는 작은 꽃들이 많이 달리며 형태와 색이 매우 아름답다. 봄철 화단을 장식하는 용도로 많이 사용되며, 절화용으로도 사랑받고 있다. 에틸렌에 대한 민감도는 낮다.

20~30 cm

4~7 days

5 stem

125	**Muscari**	무스카리
	Muscari armeniacum	아스파라거스과 Asparagaceae

another name grape hyacinth, bluebell
다른이름

A cluster of small flowers that looks like a bunch of grapes bloom on a flower stalk. Short and small, it is mainly grown in the garden. For the floral design purpose, the whole plant including its bulb can be found in the market.

무스카리는 줄기에 작은 꽃들이 마치 포도송이처럼 모여 핀다. 주로 정원 식재용으로 많이 사용하지만 플로랄 디자인에 이용되기도 한다. 꽃시장에서는 구근을 포함한 식물체 전체를 포장하여 판매하고 있다.

20~30 cm

4~7 days

5 stem

Ornithogalum
Ornithogalum saundersiae

오니소갈룸
아스파라거스과 Asparagaceae

another name round ornithogalum
다른이름 둥근 오니소갈룸

On the tip of a long stem which shot out from a bulb bloom star-like flowers in a round shape. Its stem is smooth and its flowers appear slightly transparent. As flowers keep blooming up along its stem, they last very long.

비늘줄기(인경)에서 나온 긴 줄기의 끝에 둥글게 별처럼 생긴 꽃들이 모여 핀다. 줄기는 매끈하고 꽃은 약간 투명한 이미지를 가지고 있으며, 줄기를 따라 꽃들이 지속적으로 피어 올라가 수명이 매우 긴 편이다.

40~100 cm

14~21 days

1&5 stems

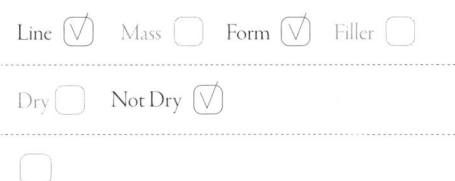

127 Star of Bethlehem
Ornithogalum thyrsoides

오니소갈룸
아스파라거스과 Asparagaceae

another name ornithogalum
다른이름 베들레헴의 별, 보리수(잘못 부르는 이름)

Star-like flowers bloom upward along a stem consecutively. A flower consists of six floral envelopes. Its water-uptake is not so bad. However, in a certain environment, the buds occasionally fail to open and turn yellow. Flower preservatives may help prolong its life.

줄기를 따라 아래에서 위를 향해 별처럼 생긴 꽃들이 차례로 피며, 꽃은 6개의 화피로 구성되어 있다. 물올림은 나쁘지 않지만 환경에 따라 끝부분의 봉오리가 피지 않고 황화되기도 한다. 작은 봉오리까지 개화시키고 싶거나 오랫동안 관상하기 위해서는 수명연장제를 사용하는 것이 좋다.

40~100 cm

14~21 days

5&10 stems

128 | **Ornithogalum Sun Star**
Ornithogalum dubium

썬스타 오니소갈룸
아스파라거스과 Asparagaceae

another name Sun star
다른이름 노랑 오니소갈룸랑

Its bright orange petal is round on its end. Because of its distinct color, it is called 'Sun Star'. Maintenance of clean water in a cool place and frequent stem-cutting may guarantee its freshness for a month.

꽃잎의 끝은 약간 둥글고 선명한 주황색이 뚜렷하다. 선명한 색상 때문에 'Sun Star'이라는 이름으로 불리기도 하며, 시원한 장소에서는 물을 청결하게 관리하고 줄기를 자주 잘라주면 길게는 한 달 가까이 수명이 유지되기도 한다.

40~100 cm

14~21 days

5&10 stems

Daylily
Hemerocallis fulva

another name ditch lily, field daylily
다른이름 넘나물, 들원추리, 홑왕원추리

원추리
아스포델라과 Asphodelaceae

Its flower looks similar to lily and its leaf is long and narrow. Not much quantity is on sale for the purpose of a cut-flower. Its water uptake is relatively good. Several flowers bloom consecutively on the tip of a stem, which keeps the plant last long even though a flower doesn't. Among various colors, yellow or orange flowers are a lot in demand.

꽃은 나리와 매우 비슷하며, 잎은 좁고 길다. 절화 용으로 유통되는 양은 많지 않다. 비교적 물올림이 좋은 편이며, 여러 송이의 꽃들이 줄기 끝에 모여 순차적으로 핀다. 한 송이의 수명은 그다지 길지 않지만 지속적으로 피어 전체의 수명은 비교적 긴 편이다. 색은 여러 가지가 있지만 노란색이나 주황색 계열의 유통이 많다.

50~100 cm

5~7 days

1bunch

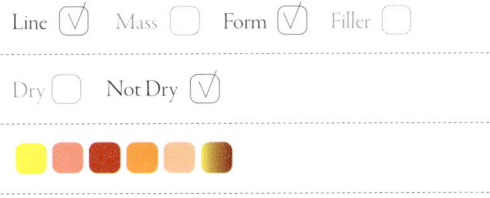

130

Kniphofia
Kniphofia hybrids

another name tritoma, red hot poker, torch lily
다른이름 니포피아

트리토마
아스포델라과 Asphodelaceae

Small flowers bloom on a stem one cluster after another. Flowers at the lower part are somewhat bright yellow whereas orange or green to the upper part. Small flowers bloom from down to up for quite a long time. Though some flowers fall earlier, remaining flowers stay fresh so that flowers in entirety last very long.

줄기에 작은 꽃들이 차례로 모여 피며, 아랫부분의 꽃들은 밝은 노랑에 가깝지만 끝으로 갈수록 주황색이나 녹색을 띤다. 꽃줄기의 아래부터 위로 작은 꽃들이 피어 올라가며, 수명을 다한 아랫부분의 작은 꽃들은 시들어도 윗부분의 꽃들이 싱싱한 상태를 유지하기 때문에 식물체 전체의 수명은 매우 긴 편이다.

40~90 cm

7~14 days

1 & 2 stems

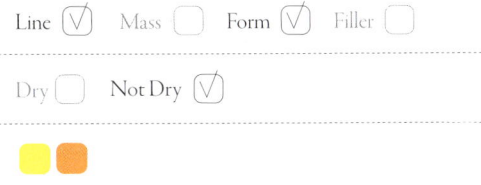

Mallow
Malva sylvestris var. *mauritiana*

another name red hot poker, Chinese jute
다른이름 금규

131

당아욱
아욱과 Malvaceae

It is a very tall flower similar to a hollyhock. However, compared with a hollyhock, its flowers are smaller and its petals have a more distinctive pattern. As a stem has many flowers and leaves, it is liable to get easily dehydrated unless care be given to water-uptake. Water control is important.

전체의 키가 매우 크고 접시꽃과 비슷하다. 그러나 접시꽃에 비해 꽃의 크기는 작은 편이며, 꽃잎에 무늬가 선명하다. 줄기에 꽃과 잎이 많이 달려 있어 물올림에 주의하지 않으면 쉽게 탈수현상을 격게 되므로 물 관리에 주의하도록 해야 한다.

60~120 cm

4~7 days

1 bunch

132 | Alstroemeria
Alstroemeria pulchella

알스트로메리아
알스트로메리아과 Alstroemeriaceae

another name peruvian lily, lily of the incas
다른이름 알스트로에메리아, 페루백합

Alstroemeria featuring short stripe patterns at its center comes in many different colors. Its life span is quite long. However, when it is wrapped up in opp film(plastic film), it gets musty because of poor ventilation. Its ethylene sensitivity is high. High temperature expedites flower falling.

알스트로메리아는 화색이 매우 다양하고 중심부에는 짧은 줄무늬가 있다. 수명이 매우 긴 편이지만 포장용 OPP를 제거하지 않은 상태로 보관하면 환기가 잘 되지 않아 내부에서 곰팡이가 발생하기도 하므로 반드시 OPP를 벗기고 환기가 잘 되도록 관리한다. 에틸렌에 민감한 편이며, 고온에 두면 수명이 빠르게 단축 된다.

60~100 cm

7~10 days

5 & 10 stems

Poppy
Papaver nudicaule

꽃 양귀비
양귀비과 Papaveraceae

another name iceland poppy
다른이름 아이슬란드 포피, 꽃양귀비, 우미인초

The bud of poppy looks very rough. However, as the bud splits both ways, tender delicate silky petals unfold. The hollow stem is apt to get dehydrated, which causes stem-bending and flower wilt due to poor water supply and lack of nutrients to flowers. Hence clean water control and frequent stem-cutting are advised. Its ethylene sensitivity is low.

봉오리 상태에서는 매우 거친 이미지를 가지고 있지만 봉오리가 양쪽으로 갈라지면서 부드럽고 섬세한 비단 같은 꽃잎이 펼쳐진다. 줄기의 속이 비어 있기 때문에 탈수현상을 겪게 되면 줄기가 꺾이게 되고 꽃으로 수분이나 양분의 공급이 어렵게 되어 쉽게 시든다. 물은 항상 청결히 하고 자주 줄기를 재 절단해 주는 것이 좋다. 에틸렌에 대한 민감도는 낮다.

30~50 cm

4~6 days

10 stems

Line [V]　Mass [V]　Form [ ]　Filler [ ]

Dry [ ]　Not Dry [V]

134	**Eustoma** *Eustoma grandiflorum*
	another name lisianthus, texas bluebell, prairie gentain, tulip gentian 다른이름 리시안서스, 꽃도라지

유스토마
용담과 Gentianaceae

'Eustoma is named after the Greek words 'eu(good)' and 'stoma(mouth)'.
'Lisianthus on the other han comes from the Greek words 'lissos(smooth)' and anthos(-flower).

Petals unfold from a bud to bloom in a bell flower shape. There are various species including a mono-color flower, a varigated flower, an one-layer flower, a double-layer flower and so on. It normally stays fresh for 5-7 days, but when the air is cool it lasts longer than ten days.

봉오리 상태에서는 꽃잎이 말려 있다가 개화하면서 도라지와 비슷한 형태로 핀다. 전체의 꽃이 하나의 색으로 이루어진 것, 두 가지 이상의 색이 복합으로 이루어진 것처럼 색상이 매우 다양하며, 홑겹으로 된 꽃에서 겹으로 된 꽃에 이르기 까지 다양한 종류가 유통된다. 보통 5~7일 정도 신선도가 유지되지만 저온에서는 약 10일 이상 신선도가 유지되기도 한다.

Gentiana
Gentiana triflora

용담초
용담과 Gentianaceae

another name gentian, clustered gentian
다른이름 과남풀

용담초(Gentiana)는 '리리아(Illyria-지금의 알바니아)'의 왕인 '젠티우스(King of Gentius)'의 이름에서 유래된 것으로 말하기도 하지만 그 유래가 정확하지는 않다.

'Gentiana' alledgedly derived from the name of 'King Gentius' of Illyria, Albania of today.

Its flowers bloom along the straight stem and they are beautiful in color and unique in shape. After full-bloom they look similar to a small trumpet. Care should be given to ventilation as its petals get discolored or pulpy at high temperature and high humidity. Water-uptake should be done after removing flowers and leaves that falls under water line completely.

용담초는 곧은 줄기를 따라 꽃들이 핀다. 꽃의 색이 아름답고 형태가 독특하며 개화한 후에는 작은 나팔처럼 보이기도 한다. 절화로 많이 유통되지만 고온다습한 환경에서 꽃잎이 탈색하거나 무르기도 하므로 환기에 유의하도록 해야 하며, 물에 들어갈 부분의 꽃과 잎은 깨끗하게 제거한 후 물올림 하여야 한다.

50~80 cm

7~10 days

10 stems

Skimmia
Skimmia japonica

스키미아
운향과 Rutaceae

another name 다른이름 일본황산계수나무, 스킴미아

Its leaf is round and glossy, and its tiny flowers look like millet-size fruits hanging on the stem. Its flower clusters are beautiful, and its leaves are also valuable for ornamental purposes. Its stem is hard and good for water-uptake. Its life span is long.

잎은 둥글고 광택이 있으며, 작은 꽃들은 마치 좁쌀 크기의 열매들이 달린 것처럼 보인다. 꽃송이가 아름답기도 하지만 잎의 관상가치도 높아 다양한 용도로 사용할 수 있다. 대부분 수입되어 유통되기 때문에 가격이 비싼 편이다. 줄기가 단단하지만 물올림도 좋은 편이며 수명도 길다.

20~40 cm

7~14 days

1 bunch

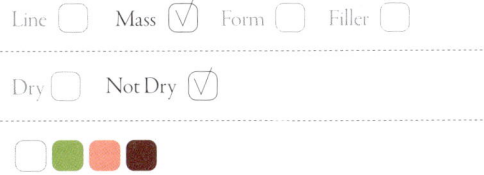

137 Teasel
Dipsacus fullonum (Syn. : *Dipsacus sylvestris*)

티젤
인동과 Caprifoliaceae

another name fuller's teasel, wild teasel
다른이름 도깨비 산토끼꽃

It has small thorny bracts densely attached, and small violet flowers bloom between these bracts. After full-blooming, the thorny bracts turn hard looking like hedgehogs. It is often used as a dried flower because its shape remains unchanged even after dried.

가시처럼 작은 포들이 빽빽하게 달리며, 그 사이로 보라색의 작은 꽃들이 핀다. 꽃이 핀 후에는 가시 같은 포들이 딱딱하게 변하여 마치 고슴도치처럼 보이기도 한다. 건조된 후에도 형태의 변화가 적어 건조화로 사용해도 좋다.

30~80 cm

14~21 days

1 bunch

138	**Scabiosa**	스카비오사
	Scabiosa caucasica	인동과 Caprifoliaceae

another name devil's bit
다른이름 체꽃

On the tip of a thin long stem, bloom a 8cm(3in) big beautiful flower. Some buds never bloom so it is advised to purchase slightly bloomed flowers. Its petal is very delicate and beautiful. Its water-uptake is on the good side. As the stem is thin compared with the size of its flowers, it is better to remove leaves from the stem before water uptake.

가늘고 긴 줄기의 끝에서 약 8cm 내외의 아름다운 꽃이 달리며, 지나치게 봉오리 상태의 것은 잘 개화하지 않아 어느 정도 개화된 것을 구매하는 것이 좋다. 꽃잎이 매우 섬세하고 아름다우며, 물올림도 좋은 편이다. 줄기가 꽃에 비해 가늘어 물올림 할 때는 줄기의 잎을 정리한 후 나이프를 이용해 자르는 것이 좋다.

30~80 cm

4~6 days

10 stems

Line ☐   Mass ☑   Form ☐   Filler ☐

Dry ☐   Not Dry ☑

| 139 | **Scabiosa**
Scabiosa atropurpurea | 스카비오사
인동과 Caprifoliaceae |
|---|---|---|

another name pin cushion flower, gypsy rose, devil's bit
다른이름 체꽃, 옥스포드 스카비오사

On the tip of a thin long stem, bloom a 4cm(1.5in) big beautiful flower. Some buds never bloom so it is advised to purchase slightly bloomed flowers. Its petal is very delicate and beautiful. Its water-uptake is on the good side. As the stem is thin compared with the size of its flowers, it is better to remove leaves from the stem before water uptake.

가늘고 긴 줄기의 끝에서 약 4cm 내외의 아름다운 꽃이 달리며, 지나치게 봉오리 상태의 것은 잘 개화하지 않아 어느 정도 개화된 것을 구매하는 것이 좋다. 꽃잎이 매우 섬세하고 아름다우며, 물올림도 좋은 편이다. 줄기가 꽃에 비해 가늘어 물올림 할 때는 줄기의 잎을 정리한 후 나이프를 이용해 자르는 것이 좋다.

Line ☐   Mass ☑   Form ☐   Filler ☐

Dry ☐   Not Dry ☑

30~80 cm

4~6 days

10 stems

| 140 | **Scabiosa Stellata**
Scabiosa stellata | 스텔라타 스카비오사
인동과 Caprifoliaceae |

another name starflower pincushions, scabious drumstick
다른이름 체꽃

On the tip of a thin long stem, bloom a flower. The inflorescence is a dense spherical cluster of flowers that yield showy fruits with fan-like funnel-shaped papery bracts. Its fruit is unique in shape while its flower doesn't have ornamental value. For this reason, only fruit are highlighted in the floral design.

스텔라타 스카비오(stellata scabiosa)는 가늘고 긴 줄기의 끝에서 꽃이 핀다. 꽃은 둥근 형태를 이루며, 꽃잎이 떨어진 후에는 종이같은 포엽이 구형으로 조밀하게 모여 있는 열매가 남는다. 꽃의 관상가치는 높지 않은데 비해 열매의 형태가 매우 독특하다. 이 때문에 플로랄 디자인에서는 스텔라타 스카비오사의 경우 열매를 주로 사용한다.

30~50 cm

5~10 days

10 stems

Line ☐ Mass ☑ Form ☐ Filler ☐

Dry ☐ Not Dry ☑

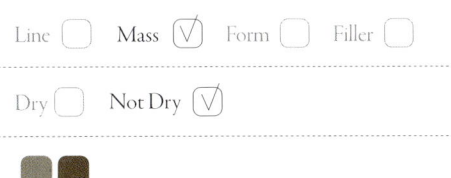

Honeysuckle
Lonicera japonica for. *rubra*

붉은 인동
인동과 Caprifoliaceae

another name Japanese honeysuckle
다른이름 로니케라

It's a viny plant called 'red honeysuckle' in Korea. Very beautiful but poor at water-uptake which results in ready wilt. Only a small amount can be found as a cut-flower in the market for a short period of time.

꽃이 붉은 빛을 띠는 인동덩굴이라서 붉은 인동이라 부르며, 덩굴성 식물이다. 매우 아름답지만 물올림이 원활하지 않아 쉽게 시드는 편이다. 절화로는 시중에서 매우 소량이 한정적으로 유통되고 있다.

30~60 cm · 4~7 days · 1 bunch

Line ✓ Mass ✓ Form ☐ Filler ☐

Dry ☐ Not Dry ✓

142 Viburnum
Viburnum opulus for. *hydrangeoides*

불두화
연복초과 Adoxaceae

another name snowball tree
다른이름 목수국, 백당나무

Fruitless neuter flowers bloom densely into a ball shape. Generally its green color turns almost white in full bloom. After full inflorescence, flowers fall readily. Lack of moisture accelerates its wilt. Special care is needed for water management. A long stem, in particular, hinders water-uptake which again causes premature wilt. Removing leaves will help improve water-uptake and elongate its life.

열매가 맺히지 않는 무성화가 다닥다닥 달려 둥근 형태를 이룬다. 품종에 따라 차이는 있지만 녹색을 띠다가 완전히 만개하면 백색에 가깝게 변하며, 만개한 후에는 꽃이 쉽게 떨어지는 편이다. 수분이 부족하면 쉽게 꽃이 시들기 때문에 물 관리에 특히 주의하도록 해야 한다. 특히 줄기를 길게 두면 물올림이 원활하지 않아 더 쉽게 시든다. 국내에서 재배되는 것과 수입되는 품종이 모두 유통되고 있으며, 수입품에 비해 국내산의 단 묶음이 더 크다. 수입품은 잎이 모두 제거된 상태로 유통되지만 국내산의 경우 잎이 달려 있는 상태로 유통된다. 오랫동안 유지하고 싶다면 잎을 미리 제거한 후 물올림 하는 것이 좋다.

50~80 cm

4~7 days

1 bunch

Lysimachia
Lysimachia clethroides

큰까치수염
앵초과 Primulaceae

another name goosneck loosestrife
다른이름 큰까치수영, 랑미화, 개꼬리풀, 꽃꼬리풀

전통적으로 앵초과(Primulaceae)로 분류되었으나 자금우과(Myrsinaceae)로 편제되었었다. 그러나 연구를 통하여 다시 앵초과(Primulaceae)로 귀속되었다.

Traditionally classified in the Primulaceae family. It was transferred to the Myrsinaceae family, but later merged into the 'Primulaceae'

Tiny white flowers bloom along a flower stem into the shape similar to a linear-leaf spike speedwell, but its leaves look quite different. Compared with a liner-leaf spike speedwell, its water-uptake is better. It grows wild in mountains and fields, but sometimes it is sold as a cut flower in the market. Removing unnecessary leaves before water-uptake is helpful.

작고 흰 꽃들이 꽃자루를 따라 피어 꼬리풀과 거의 흡사한 형태를 이루고 있지만 잎은 전혀 다르다. 꼬리풀에 비해 물올림이 좋은 편이며, 본래 야생화로 산이나 들에서 볼 수 있지만 절화로 간혹 유통되기도 한다. 불필요한 잎은 제거한 후 물올림하는 것이 좋다.

30~60 cm

4~5 days

1 bunch

Peony
Paeonia spp.

another name
다른이름 함박꽃

작약
작약과 Paeoniaceae

작약(Paeony)는 그리스 신화에 등장하는 의학의 신 'Asclepius'의 제자이면서 최초로 약용으로 사용하였던 'Paeon'의 이름에서 유래되었다.

'Paeony' came from 'Paeon', a student of Asclepius who was the Greek god of medicine. He used 'paeon' as a medicine for the first time.

Its flower is big and gorgeous. There are many species such as single-layer flowers and double-layer flowers. It is grown domestically but imported flowers are also great in quantity.

꽃이 크고 화려하며, 겹꽃으로 된 것과 홑꽃으로 된 것 등 매우 다양한 품종들이 유통되고 있다. 국내에서 재배되기도 하지만 수입되어 유통되는 양도 매우 많다. 국내에서 재배되는 작약의 경우 한 단에 10대, 5대 묶음으로 판매되지만 수입품의 경우 대부분 5대가 한 단을 이루고 있다.

40~60 cm

4~5 days

5 & 10 stems

Line ☐ Mass ☑ Form ☑ Filler ☐

Dry ☐ Not Dry ☑

145 | Lady's Mantle
Alchemilla mollis

알케밀라
장미과 Rosaceae

another name alchemilla
다른이름 레이디스 맨틀

Its small green flowers are unique in color and the leaves are peculiar in shape and texture. Its leaf is covered with very fine hairs. It is often used as a garden flower. In a floral design, it can be used for a very subtle expression or to highlight its texture.

작은 꽃들이 녹색을 띠는 식물로 녹색 꽃도 드물지만 잎의 형태나 질감 역시 매우 독특하다. 잎은 매우 섬세한 털들로 덮여 있으며 가장자리의 결각 역시 아름답다. 화단용으로 인기있는 식물이지만 플로랄 디자인에 사용할 경우 질감을 강조하거나 매우 섬세한 표현이 가능하다.

30~50 cm

5~7 days

1 bunch

Miniature Rose
Rosa hybrids

장미(스프레이 타입)
장미과 Rosaceae

another name spray rose
다른이름 미니 장미, 스프레이 장미

As several flowers bloom on one stem, a preservative can help bloom all buds on the stem. To prevent unnecessary loss of moisture, removing all leaves on the low part of a stem will help better water-uptake. However, misuse of a stripper to eliminate leaves or thorns on a stem may hurt its skin, which gives birth to bacteria and shortens its life after all.

스프레이 타입은 하나의 줄기에 여러 개의 꽃이 달리므로 미니장미의 경우 각각의 봉오리들이 모두 개화할 수 있도록 수명연장제를 사용하는 것도 좋다. 불필요한 수분손실을 방지하기 위해 줄기 아랫부분의 잎들은 제거한 후 물올림 하는 것이 좋다. 그러나 줄기의 잎이나 가시를 제거하면서 스트리퍼와 같은 도구를 잘못 사용할 경우 손상된 표피에 박테리아가 번식하여 수명이 단축되는 원인이 되기도 한다.

30~100 cm

5~10 days

1 bunch

147	**Rose** *Rosa hybrids*	장미
	another name 다른이름 월계화, 사계화	장미과 Rosaceae

그리스어의 hybrida는 '혼합', '복합'을 뜻하며, 다른 종간에 교잡을 통해 만들어진 새로운 종을 이야기 한다. 최초의 장미 교잡종(hybrida)은 1876년 프랑스의 'Jean-Baptiste Guillot'에 의해서 소개되었으며, 이후 수많은 원예품종이 개발되어 보급되고 있다.

The Greek word, 'hybrida' means 'mis' or 'confuse' and it often means a new species made by cross-breed. The first hybrid of rose was introduced by Jean-Baptiste Guillot in 1876 and since then numerous species have been hybridized for a horticultural purpose.

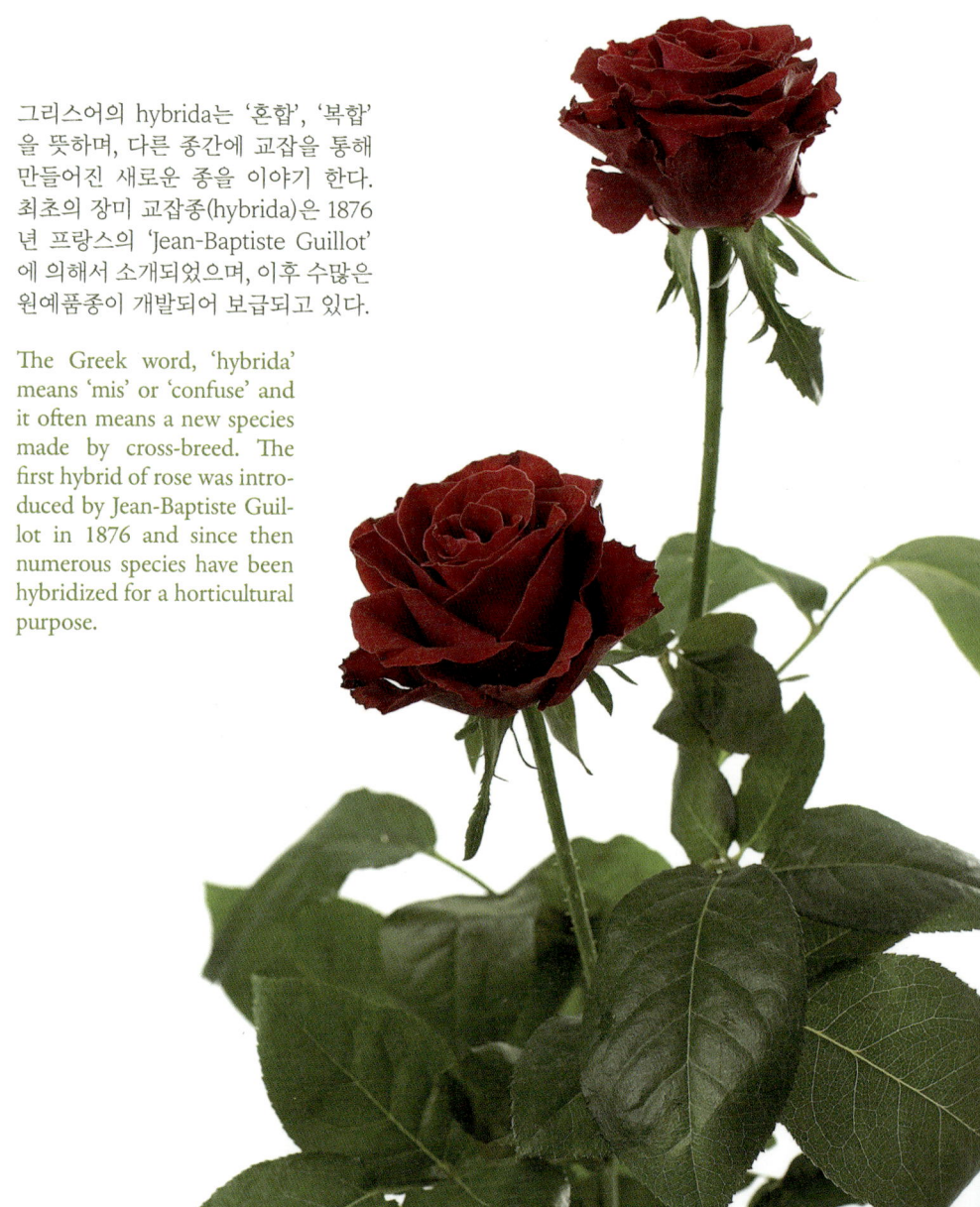

Rose often suffers from stem-bending because the vessel of a stem is blocked by germs. Hence keeping water clean and frequent recutting of its stem are advised. In a hot and humid environment, ashy mold mildews or leaves get mushy. Care must by taken to ventilation.

장미는 줄기의 도관이 세균에 의해 폐쇄되어 줄기 목굽음 현상이 자주 일어나므로 되도록 물을 청결하게 유지하고 자주 재절단 해주는 것이 좋다. 고온다습한 환경에서는 잿빛곰팡이가 발생하거나 꽃잎이 무르는 현상이 나타나기도 하므로 늘 환기에 신경을 써야 한다.

148	**Kangaroo Paw** *Anigozanthos flavidus*	캥거루 포 지모과 Haemodoraceae

another name anigozanthos, evergreen kangaroo paw
다른이름 캥거루 발톱, 캥가루 포

As its flower looks like a Kangaroo paw, it is called so and the shape of its flower is unique. It used to be imported mostly from Austrailia. However, in Korea, it began to be cultivated in a green house recently. Its life is long and its leaves don't have a high ornamental value so that only flowers are in the market.

꽃의 형태가 마치 캥거루의 발톱처럼 생겼다고 하여 '캥거루 포'라고 부르며, 형태가 매우 독특하다. 주로 오스트레일리아에서 수입되었으나 최근에는 우리나라의 온실에서 생산되기도 한다. 수명이 길고 잎은 관상가치가 높지 않아 꽃줄기 상태로만 유통된다.

30~80 cm

10~20 days

1 bunch

Snapdragon
Antirrhinum majus

금어초
질경이과 Plantaginaceae

another name dragon flower
다른이름 참깨풀, 비어초

금어초(Antirrhinum)는 그리스어의 'anti(~와 비슷한)' 와 'rhin(코)'의 합성어이다. 줄기를 따라 달리는 꽃의 형태 때문인데, 영국이나 미국에서는 용의 입과 비슷하다고 하여 'snapdragon'이라 부르고 우리나라에서는 헤엄치는 물고기와 닮았다 하여 '금어초'라 부른다.

'Antirrhinum' is a compound word of Greek 'anti' (similar) and 'rhim'(nose). It is called so because of the shape of flowers attached to a stem. On the other hand, it is called 'snapdragon' in the U.S because it looks like a dragon's mouth. In Korea, it is called 'gold fish flower' as it looks like a fish.

Originally it belonged to Scrophulariaceae but later it was reclassified into Plantaginaceae. Goldfish-looking small flowers are attached along a stem. In floral design, it is often used as a lineal material. Because of its high ethylene sensitivity, flowers easily fall. Before purchase, shake the stem and check whether flowers fall or not. Keeping it vertical is recommendable as it has strong trophism.

본래 현삼과에 속하던 식물이지만 질경이과로 재분류되었다. 줄기를 따라 금붕어처럼 생긴 작은 꽃들이 붙어 있어 선적인 소재로 많이 사용하지만 에틸렌에 민감하여 꽃들이 떨어지는 경우가 많다. 구입할 때는 반드시 한번 흔들어 보아 작은 꽃들이 쉽게 떨어지는지의 여부를 확인하여야 하며, 굴성에 민감하게 반응하므로 보관할 때는 수직으로 세운 상태를 유지하여야 한다.

40~100 cm

4~7 days

10 stems

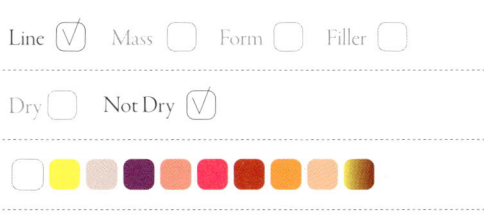

Chelone
Chelone lyonii

캐로네 리오니
질경이과 Plantaginaceae

another name turtlehead
다른이름 자라송이풀, 거북머리

Unique shape flowers are attached along a square stem. Its flowers last longer than a month in the garden. However, in case of cut-flowers, flowers don't bloom up to the last bud on a stem. Careful water management helps flowers last longer. It was also reclassified into Plataginaceae from Scrophulariaceae.

줄기에 독특한 형태의 꽃들이 줄지어 달리며, 줄기는 사각형이다. 화단에서는 한 달 이상 꽃을 피우지만 절화는 줄기 끝의 봉오리까지 피지는 못한다. 그러나 물 관리에 주의하면 수명이 매우 긴 편이다. 이 식물도 현삼과에서 질경이과로 재분류되었다.

 40~80 cm

 7~14 days

 10 stems

151 | **Veronica**
Veronica spicata

베로니카
질경이과 Plantaginaceae

another name royal candles
다른이름 꼬리풀

Small flowers are attached along a stem and the whole shape looks like a tail of an animal. The line and color of its flower are beautiful, but poor water-uptake causes early wilt. It was also reclassified into Plantaginaceae from Scrophulariaceae.

줄기를 따라 작은 꽃들이 붙어있는 전체의 형태가 마치 동물의 꼬리처럼 보인다. 선이나 꽃의 색이 아름답지만 물올림이 좋지 않아 쉽게 시들기도 한다. 본래 현삼과에 속한 식물이었으나 질경이과로 재분류되었다.

20~40 cm

3~5 days

1 bunch

| 152 | **Anthurium** *Anthurium* spp. | **안스리움** 천남성과 Araceae |

another name flamingo flower
다른이름 홍학꽃, 플라밍고 플라워

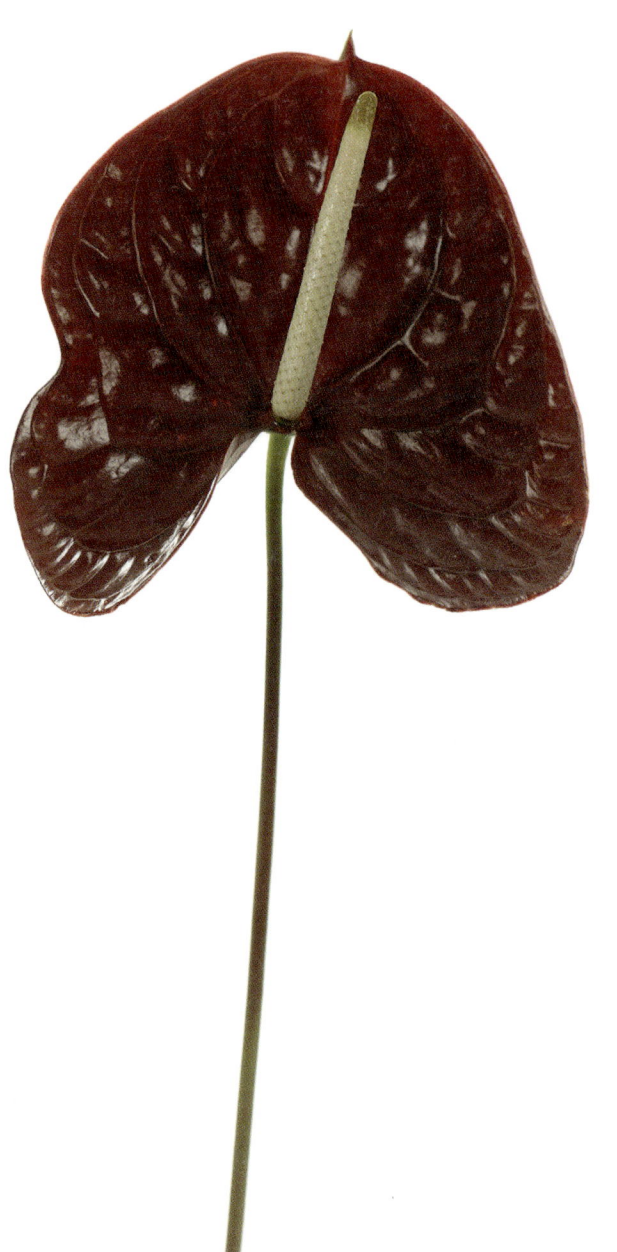

A petal-like heart-shaped part is a large involucre and the yellow spirals at its center is a spadix with teeny-weeny flowers. Its life span is long and its water-uptake is good. However, water change is needed at every stem recutting. In winter, being exposed to low temperatures for a long time may discolor its involute.

꽃잎처럼 보이는 심장형태의 아름다운 부분은 '불염포'로 중심의 막대처럼 생긴 것이 아주 미세한 꽃들이 모여 있는 '육수화서'이다. 수명이 매우 길고 물올림도 좋은 편이지만 물을 교체하면서 재 절단 해주는 것이 좋으며, 특히 겨울의 저온에 장시간 노출되면 불염포의 색이 변하므로 주의하여야 한다.

30~80 cm

14~21 days

1 stem

153 Calla Lily
Zantedeschia aethiopica

칼라
천남성과 Araceae

another name zantedeschia, calla
다른이름 카라, 잔테데스키아

The shape of its flower is very unique and its line is also gorgeous. Moreover, the color and shape of its involute surrounding the spadix is so beautiful that it is very popular. It is widely used for a lineal material in floral design. Various hybrids are in the market.

육수화서를 감싸고 있는 불염포의 색상이나 형태가 아름다워 사랑받는 꽃으로 시중에 매우 다양한 교잡종들이 유통되고 있다. 형태가 매우 독특한 꽃이지만 줄기의 곡선도 매우 아름다워 디자인을 구성하면서 라인의 용도로 많이 사용되고 있다.

40~100 cm

7~14 days

5 & 10 stems

| 154 | **Yellow Calla**
Zantedeschia elliottiana | **노랑꽃 칼라**
천남성과 Araceae |

another name golden calla
다른이름 노랑 칼라

Its flower is distinctive yellow and the bract is round. It enjoys a long life but care should be taken because the tip of its stem often forks or involutes in water.

꽃 색이 매우 선명한 노랑색으로 포의 형태는 둥글다. 수명이 매우 길지만 줄기 끝은 물속에서 갈라지며 둥글게 말리기도 하므로 주의하도록 한다. 보통의 흰색 칼라의 경우 10대를 기준으로 단이 묶여 있지만 노랑칼라처럼 색상이 있는 종류는 5대가 한 단으로 묶여있다.

50~120 cm

7~14 days

5 stems

Clustered Bellflower
Campanula glomerata

캄파눌라 글로메라타
초롱꽃과 Campanulaceae

another name dane's blood
다른이름 글로메라타 종꽃

Bell-like small flowers bloom in a cluster on the central tip of a stem. Flowers are small but they present a beautiful shape as a whole. Its water-uptake is good, but once stems or leaves are exposed to water they get readily spoiled. Therefore after complete removing of leaves from a stem, water-uptake should be done.

종처럼 생긴 작은 꽃들이 줄기 끝을 중심으로 모여서 핀다. 꽃은 매우 작지만 전체의 형태가 아름답다. 물올림은 좋은 편이며, 줄기나 잎이 물에 닿으면 쉽게 부패되므로 줄기는 깨끗하게 정리한 후 물올림 하도록 해야 한다.

30~60 cm

4~7 days

1 bunch

Campanula
Campanula medium

another name bellflower
다른이름 종꽃

캄파눌라
초롱꽃과 Campanulaceae

Bell-like flowers are attached along a stem. Its leaves are thin and transparent. Leaves exposed to water get readily spoiled so that clean removing of leaves facilitates water-uptake. Maintenance of clean water is necessary.

종처럼 생긴 꽃들이 줄기를 따라 달리며, 꽃잎은 얇고 투명하다. 물에 닿는 부분의 잎은 쉽게 부패하기 때문에 되도록 깨끗하게 정리한 후 물올림 하는 것이 좋으며, 항상 깨끗한 상태로 물을 유지하도록 해야 한다.

30~60 cm

4~7 days

1 bunch

| 157 | **Korean Bellflower** *Platycodon grandiflorus* | 도라지 초롱꽃과 Campanulaceae |

another name chinese bellflower, balloon flower
다른이름 길경, 길경채, 도랏

Its root is edible. Its flowers are beautiful in color and shape so that the cut flowers are also circulated. Recently double-layer flowers were introduced into the market. Whitish latex oozes out from a stem when it is cut. As its life is not so long, it is better to buy one with many mature buds.

식용하는 도라지의 꽃으로 색상이나 형태가 매우 아름다워 절화로 유통되기도 한다. 최근에는 겹꽃이 유통되기도 하며, 줄기를 절단하면 흰색의 유액이 나온다. 꽃의 수명은 그다지 길지 않으므로 충분히 성숙된 봉오리가 많이 달린 것을 선택하여 구매하는 것이 좋다.

겹도라지
Platycodon grandiflorus var. *duplex*

40~50 cm

3~5 days

1 bunch

| 158 | **Trachelium**
Trachelium caeruleum | **트라켈리움**
초롱꽃과 Campanulaceae |

another name throatwort
다른이름 석무초

Dark purple, green and white flowers are in the market. Small flowers bloom on the tip of a stem in the shape of a round flat cushion. As each flower is small, it is not so noticeable. However, the cluster of such small flowers in entirety presents a very unique and beautiful image in texture.

작은 꽃들이 줄기의 끝에서 방석처럼 평평하고 둥근 형태로 모여 핀다. 보통 진한 보라색과 녹색, 흰색이 유통되며, 하나하나의 꽃들이 워낙 작아 존재감이 크지는 않다. 그러나 작은 꽃들이 덩어리 형태로 모인 전체의 꽃송이는 질감이 매우 독특하여 아름답다.

40~60 cm

7~10 days

1 bunch

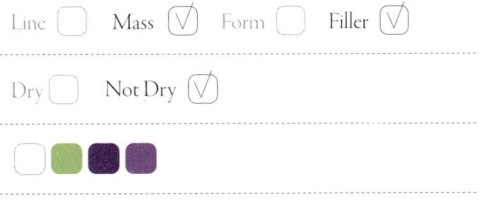

Gloriosa Lily
Gloriosa superba

159

글로리오사
콜키쿰과 Colchicaceae

another name climbing lily, flame lily, fire lily
다른이름 글로리오사 릴리

글로리오사(Gloriosa)는 라틴어 'gloria(영광의 찬가)'에서 유래되었다.

'Gloriosa' originated from the Latin word of 'gloria', meaning glory.

Its unique shape and gorgeous color present strong impression in floral design. The edge of a leaf changes roundish so that it can climb over a stem or other objects. Its stamens reach out in every direction. Removing anthers before it gets fully mature is advisable.

형태가 매우 독특하고 색도 화려하여 플로랄 디자인에 사용하면 매우 강한 인상을 준다. 잎의 끝은 줄기나 다른 물체에 고정할 수 있도록 끝이 둥글게 변해있다. 수술이 사방으로 뻗어 있으며, 꽃밥은 완전히 성숙하기 전에 제거해주는 것이 좋다.

 40~80 cm

 4~7 days

 1~3 stems

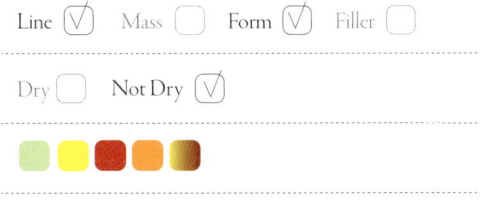

Line [V]   Mass [ ]   Form [V]   Filler [ ]

Dry [ ]   Not Dry [V]

160 ## Sandersonia
Sandersonia aurantiaca

산더소니아
콜키쿰과 Colchicaceae

another name chinese lantern lily, golden lily of the valley
다른이름 산데르소니아, 샌더소니아

Its stem is supple and along the stem attached small lantern-like flowers alternately. The flower has a vivid color in a fresh state. However, gradually it gets discolored and deformed. As the small flowers wilt easily, its lifespan is rather short. As a result, it can be found in the market only for a short period of time.

줄기는 유연하며 줄기를 따라 작은 초롱처럼 생긴 꽃들이 차례로 달린다. 꽃은 신선한 상태에서는 선명한 색상을 유지하지만 성숙되어 시들면서 점차 색이 흐려지고 꽃들의 형태도 훼손되기 시작한다. 작은 꽃들은 쉽게 시들어 수명이 짧은 편이며, 꽃시장에 유통되는 시기도 매우 짧다.

40~60 cm

5~7 days

3~5 stems

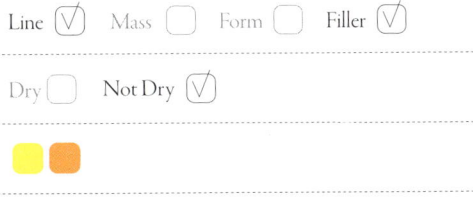

161 | **Baptisia**
Baptisia australis

밥티시아
콩과 Fabaceae

another name wild indigo, false indigo
다른이름 갯활량나물

Its flower represents a typical shape of the family of Fabaceae. Its violet flower is beautiful and it has a unique shape of leaf. Mostly it is sold with flowers on it. Sometimes, however, it is on sale for darkish pods with no flowers on it.

밥티시아의 꽃은 전형적인 콩과식물의 형태를 이루고 있으며, 보라색의 꽃이 아름다우며 잎의 형태도 매우 독특하다. 대부분의 경우 꽃이 달린 상태로 유통되지만 간혹 꽃이 진 후 달리는 어두운 색의 콩 꼬투리 상태로 꽃시장에서 유통되는 것도 볼 수 있다.

40~60 cm

4~7 days

1 bunch

| 162 | **Sweet Pea** *Lathyrus odoratus* | 스위트피 콩과 Fabaceae |

another name lathyrus
다른이름 라티루스

Though a viny plant belonging to Fabaceae family, it is often regarded not as a viny plant when sold as a cut-flower because it is cut very short. Its petals are very tender, delicate and beautiful, and they last pretty long in a room temperature. But as it is sold in a bloomed state, care should be taken to prevent physical damage on petals in transit.

콩과의 덩굴성 식물이지만 절화로 유통될 때는 짧게 잘라 유통되므로 덩굴성 식물이 아닌 것으로 오인되는 경우가 많다. 꽃잎이 매우 부드럽고 섬세하여 아름다우며, 고온의 환경이 아닌 곳에서는 비교적 수명도 긴 편이다. 그러나 개화한 상태로 유통되기 때문에 운반 도중 꽃잎에 물리적인 손상을 입지 않도록 주의하여야 한다.

20~60 cm

4~7 days

1 bunch

| 163 | **Lupinus** *Lupinus perennis* | 루피너스 콩과 Fabaceae |

another name lupin, texas blue bonnet
다른이름 층층부채꽃, 루핀

Typical flowers of the Fabaceae family are attached densely and beautifully along a stem. As it gets aging, however, flowers often fall at once or leaves suddenly turn yellow. Care should be given to water-uptake and environments.

전형적인 콩과 식물에서 볼 수 있는 형태의 꽃들이 줄기를 따라 밀집되어 있어 아름답지만, 노화가 진행되면 꽃들이 한꺼번에 떨어지거나 순식간에 꽃잎이 황화 되기도 하므로 물올림과 보관 환경에 주의하도록 해야 한다.

30~80 cm

4~7 days

2~3 stems

Clover
Trifolium spp.

토끼풀
콩과 Fabaceae

another name trefoil
다른이름 클로버

The genus Trifolium(Latin, tres (three) + folium(leaf)

Clovers cultivated for floral designs has longer flowers of various colors, compared to clovers in wilderness. As its water-uptake is not good, wrapping up the stems in very thin paper prevents stem- bending and thus lengthens its life in water.

꽃꽂이용으로 재배하는 클로버는 우리나라의 들에서 흔히 볼 수 있는 클로버(토끼풀)에 비해 꽃들의 달린 모양이 좀 더 길고 색상도 다양하다. 물올림이 원활하지 않으므로 장시간 보관해야 한다면 줄기가 꺾어지지 않도록 얇은 종이에 한번 감싼 상태로 물에 꽂아두는 것이 좋다.

30~50 cm

4~7 days

1 bunch

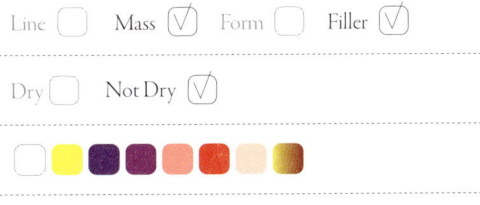

165 Guzmania
Guzmania lingulata

구즈마니아
파인애플과 Bromeliaceae

another name ananas, scalet star guzmania
다른이름 아나나스

Guzmania's beautiful color of bracts look like flowers but they are not. Tiny flowers bloom between bracts. In floral design, usually the whole plant is used. However, using some parts of the bract in an abstract way make the design beautiful. Aging discolors bracts or changes them back to green.

중심의 꽃처럼 색이 아름다운 부분은 포엽이며, 실제의 꽃들은 포엽의 사이에서 아주 작게 핀다. 플로럴 디자인을 제작할 때 식물체를 있는 그대로 사용하기도 하지만 포엽의 일 부분을 추상적으로 사용하여도 아름답다. 수명이 매우 길게 유지되지만 시간이 경과하면 포의 색상이 조금씩 탈색되거나 잎처럼 다시 녹색으로 변한다.

30~70 cm

14~20 days

1 stem

| 166 | **Banksia Protea** | 방크시아 프로티아 |
| --- | *Banksia prionotes* | 프로테아과 Proteaceae |

another name bottle brush, banksia
다른이름 방크샤

Due to its bright orange pistils, sometimes it is called orange banksia. It has a unique shape and its leaf is very long and narrow with saw-like leaf margins. After dried, it keeps its original shape for a long time.

꽃의 암술들이 밝은 오렌지색으로 달려 오렌지 방크시아라 부르기도 한다. 전체의 형태는 독특하며, 자연색 외에도 염료로 염색하여 유통하기도 한다. 잎은 매우 좁고 길면서 가장자리가 마치 톱처럼 뚜렷한 결각이 있는데, 건조해도 형태 변화가 적고 수명도 긴 편이다.

30~50 cm

14~21 days

1 stem

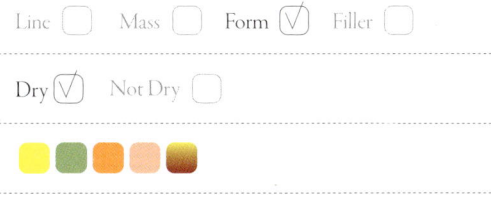

167	**Scarlet Banksia**	스칼렛 방크시아
	Banksia coccinea	프로테아과 Proteaceae

another name waratah banksia, coccinea banksia
다른이름 코키네아 방크시아

It is called scarlet banksia because flowers are red due to red pistils reaching outside. The shape of its leaf is unique, too. Unless it is kept in low temperatures, it lasts long.

붉은빛이 도는 암술이 길게 밖으로 뻗어 있어 전체가 붉은색으로 보여 스칼렛 방크시아라 부르는데 잎의 형태도 매우 독특하다. 방크시아 종류는 대부분 아주 저온에 보관하지만 않는다면 수명이 길게 유지된다.

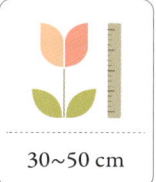
30~50 cm

14~21 days

1 stem

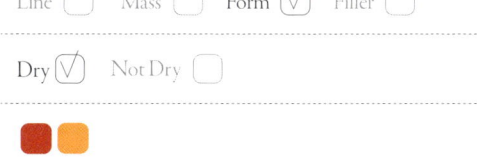

Leucadendron
Leucadendron hybrid

168

류카덴드론
프로테아과 Proteaceae

another name safari sunset
다른이름 유카덴드론(잘못 부르는 이름)

It grows in a hot region like South Africa. Its leaves are thick and some leaves on the upper part of a stem form a cluster. The leaf cluster changes its color beautifully, which makes the cluster look like a flower. People enjoy its leaves rather than the flowers. Its life span is pretty long.

남아프리카와 같이 더운 지역에서 자라는 식물로 잎이 줄기를 따라 방사상으로 돌아가며 달린다. 잎은 두껍고 위로 갈수록 하나의 덩어리를 이루는데 윗부분의 잎 색이 아름다워 꽃처럼 보이기도 한다. 실제로 관상하는 부분은 잎들이며, 수명이 매우 긴 편이다.

40~80 cm

10~21 days

1 bunch

169 Pincushion Protea
Leucospermum hybrid

핀쿠션
프로테아과 Proteaceae

another name leucospermum
다른이름 레우코스페르뭄

Its needle-like pistils are very long, and their heads are round and hard. The overall shape of this flower looks like a pincushion that a dress designer uses for the fitting. So it is called 'pincushion'. It maintains its shape for a very long time.

바늘처럼 생긴 암술이 매우 길고 암술머리가 둥글면서 단단해 꽃송이의 전체 형태가 마치 의상 디자이너들이 가봉할 때 손목에 착용하는 '핀쿠션'과 형태가 매우 흡사하여 '핀쿠션'이라 부른다. 수명이 매우 길고 형태가 독특하다.

30~50 cm

14~21 days

1 stem

Giant Protea
Protea cynaroides

킹 프로테아
프로테아과 Proteaceae

another name king sugar bush
다른이름 자이언트 프로테아, 용왕꽃

It is called the king protea because it is the biggest one among the Proteaceae family. As it is too big to use in a small floral design, it is sometimes disintegrated into small pieces. Its ethylene sensitivity is low.

프로테아류 중에서 크기가 매우 커 '킹 프로테아'라 부른다. 그러나 작은 디자인에 사용하기에는 크기가 지나치게 커서 간혹 분해하여 사용하기도 한다. 에틸렌에 대한 민감도는 낮은 편이다.

40~60 cm

10~21 days

1 stem

Protea
Protea compacta

another name pink ice protea
다른이름

프로테아
프로테아과 Proteaceae

프로테아_Protea는 그리스의 신화에 등장하는 신들 중에서 모습을 자유자재로 변화할 수 있는 신 '프로테우스_Proteus'의 이름에서 유래하였다. 프로테아속의 식물들이 형태와 종류가 다양하기 때문에 붙여진 이름이다.

The word 'Protea' came from the Greek god named 'Proteus' who is noted for his ability to change appearance readily. It is so named because plants of the genus of Protea are various in shape and kind.

Imported from New Zealand or Australia. Its lifespan is very long. However, once exposed excessively to either ethylene or low temperatures, its leaves turn dark.

프로테아는 뉴질랜드나 오스트레일리아에서 수입하여 시중에 유통되며. 수명이 매우 긴 편이지만 에틸렌에 과도하게 노출되거나 지나친 저온에 노출될 경우 잎이 검게 변한다.

40~60 cm

14~21 days

1 stem

172 Blushing Bride
Serruria florida

블러싱 브라이드
프로테아과 Proteaceae

another name pride of franschoek, serruria
다른이름 세루리아

Unlike other Proteaceae family plants, its flowers are small and delicate. Moreover, its petals are transparent and beautiful. Aging discolors its leaves and flowers. Care should be given to water-uptake.

다른 프로테아과 식물들에 비해 꽃의 크기가 작고 매우 섬세한 이미지를 가지고 있다. 꽃이 매우 투명하고 아름다우며 꽃잎은 별처럼 뾰족하다. 노화가 시작되면 꽃잎 탁해지고 색이 변하므로 물올림에 주의하도록 한다.

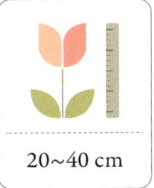
20~40 cm

4~6 days

1 bunch

Line ☐ Mass ☑ Form ☐ Filler ☐

Dry ☑ Not Dry ☐

| 173 | **Telopea**
Telopea speciosissima | 테로페아
프로테아과 Proteaceae |

another name new south wales waratah
다른이름

Its long lasting flower is big and colorful. The long pistils curl up toward the center, which forms a very unique shape. It is rarely seen in the market because it is scarcely imported from New Zealand or Australia.

프로테아과 식물들 중에서 꽃이 크고 색상이 매우 화려하며, 절화수명도 매우 긴 편이다. 뉴질랜드나 오스트레일리아에서 수입하여 시중에 간혹 유통되는 식물로 매우 일시적으로만 수입되어 쉽게 보기는 어렵다. 긴 암술이 중심 방향으로 둥글게 말려 있어 형태가 매우 독특하다.

40~60 cm

7~21 days

1 stem

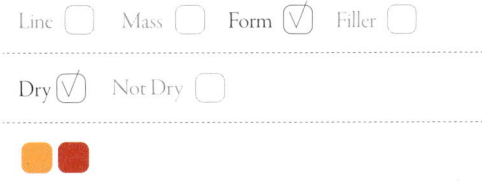

174	**Jewels of Opar** *Talinum paniculatum*	**잎안개** 탈리눔과 Talinaceae
	another name gilliflower 다른이름 세시꽃, 자금성	

Its shape is similar to gypsophila paniculata. Having fleshy leaves. innumerous spray type of small round buds are attached along the flower stems. Sometimes pink flowers can be found. As its leaves and stems are watery, it is advisable to expose the stem to water as less as possible and keep water always clean.

다육성의 잎이 달려 있으면서 안개초와 형태가 비슷하여 '잎안개'라 부르기도 한다. 둥글고 작은 봉오리가 스프레이 타입으로 꽃자루에 무수히 달리며, 간혹 분홍색의 꽃을 피우기도 한다. 물올림을 할때는 줄기와 잎에 수분이 많기 때문에 물에 닿는 면적이 지나치게 많지 않도록 주의해야 하며, 늘 청결하게 유지하는 것이 좋다.

30~50 cm

4~7 days

1 bunch

Line ☐   Mass ☐   Form ☐   Filler ☑

Dry ☐   Not Dry ☑

Heliconia
Heliconia stricta

another name lobster claw
다른이름

헬리코니아
헬리코니아과 Heliconiaceae

'헬리코니아_Heliconia'는 바나나, 극락조화 등과 함께 원래 파초과로 분류하였으나 헬리코니아과_Heliconiaceae로 재분류 되었다.

Together with banana and the bird-of-paradise, 'Heliconia' originally belonged to Musaceae family. Later, it was reclassified into Heliconiaceae.

Its bract is often mistaken for a flower because its color and shape are eye-catching whereas its flower is very tiny and unnoticeable. Its pink or red bract is very enjoyable to the viewers. As mostly grown in tropical areas, they are imported from the Philippines or Thailand. As it is a tall plant, plants circulated in the market are longer than 1m. Its lifespan is very long.

색이나 형태가 매우 독특한 포 사이에서 작은 꽃이 피어 대부분 포를 꽃으로 생각하기 쉽지만 핑크색이나 붉은색의 선명한 포를 관상하는 식물이다. 대부분 열대지역에서 자생하므로 우리나라에서 유통되는 것은 거의 필리핀이나 태국 등지에서 수입하고 있다. 키가 큰 식물이므로 보통 1m 이상으로 유통되고 있으며, 수명도 매우 길다.

80~150 cm

7~21 days

1 stem

Asclepias
Asclepias curassavica

금관화
협죽도과 Apocynaceae

another name milkweed, mexican butterfly weed
다른이름 아스클레피아스

Originally it was a garden flower, but recently it is sold as a cut-flower. The stem is rather thick and, when cut, white latex oozes out. This latex may hinder water-uptake, so it is advisable to keep it in a separate water bucket to prevent vessel blockage of other plants.

 본래는 화단용으로 많이 사용되었으나 최근에는 절화용으로도 많이 재배되고 있다. 줄기는 비교적 두꺼운 편이지만 자르면 흰색의 유액이 나오므로 물올림을 할 때는 주의하도록 해야 한다. 유액으로 인한 도관 막힘을 막기 위하여 다른 꽃들과 같은 물통에 보관하지 않는 것이 좋다.

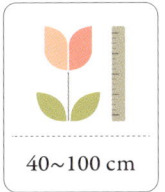   

Asclepias 'Incarnata'
Asclepias incarnata

잉카르나타 금관화
협죽도과 Apocynaceae

another name rose milkweed
다른이름 잉카르나타 아스클레피아스

It is a garden plant of asclepias incarnata. Due to its floral beauty, recently it is cultivated in great quantity as a cut-flower. As white latex comes out of the stem, careful water-uptake and frequent water change are recommended.

금관화(Asclepias)의 재배품종으로 화색이 아름답고 꽃이 섬세하여 최근에는 절화용으로 많이 사용되고 있다. 줄기에서는 흰색 유액이 나오므로 물올림에 주의하여야 하며, 물은 자주 교체해 주는 것이 좋다.

40~100 cm

3~5 days

1 bunch

Line [✓] Mass [✓] Form [ ] Filler [ ]

Dry [ ] Not Dry [✓]

178 Tweedia

Tweedia caerulea
(Syn. : *Oxypetalum caeruleum*)

another name southern star, blue star
다른이름 옥시페탈룸, 블루스타

트위디아
협죽도과 Apocynaceae

'트위디아_Tweedia'는 본래 '옥시페탈룸_Oxypetalum'으로 분류하던 식물이었기 때문에 아직까지 예전 속명인 '옥시페탈룸'이라는 이름으로 시중에서 유통되는 경우가 많다.

Tweedia originally belonged to the genus of 'Oxypetalum'. In the flower industry it is still often called so.

Long heart-shape leaves are covered with grey fuzz. When the stem is cut, white latex oozes out from it. Its blue flower turns violescent before wilting. Purchase of vivid and bright blue flowers is advisable. To prevent latex from blocking vessels, the cut-stem needs boiling. Or, after stem-cutting in water and sufficient seepage of latex, keeping it in changed water is needed.

긴 심장형태의 잎은 회색빛의 작은 솜털로 덮여 있으며, 줄기를 자르면 흰색의 유액이 나온다. 푸른색 꽃이 피는 품종은 꽃이 푸른색으로 피었다가 시들기 전에는 보라빛을 띄게 되는데, 밝고 선명한 푸른색의 꽃을 구매하는 것이 좋다. 줄기에서 나오는 유액이 도관을 막지 않도록 열탕처리하거나 물속 자르기 한 후 유액이 충분히 빠지면 물을 다시 교체하여 보관하는 것이 좋다.

30~60 cm

4~6 days

1bunch

탄생화
List of birth-flower

1월 January	카네이션 Carnation	
2월 February	앵초 Primrose, 바이올렛 Violet	
3월 March	수선화 Daffodil	
4월 April	데이지 Daisy, 스위트 피 Sweet Pea	
5월 May	산사나무 Hawthorn, 은방울꽃 Lily of the Valley	
6월 June	장미 Rose, 인동덩쿨 Honeysuckle	

7월 July	수련 Water Lily, 델피니움 Delphinium	
8월 August	양귀비 Poppy, 글라디올러스 Gladiolus	
9월 September	나팔꽃 Morning glory, 쑥부쟁이 Aster	
10월 October	금잔화 Calendula, 매리골드 Marigold	
11월 November	국화 Chrysanthemum	
12월 December	호랑가시나무 Holly, 방울수선화 Narcissus	

식물 원산지
Country of origin for plant

북아메리카 Nouth America
백일홍, 숙근 플록스, 리아트리스, 아게라툼, 매리골드, 꽃범의 꼬리
Zinnia, Phlox, Liatris, Ageratum, Marigold, Physostegia

중앙아메리카 Central America
해바라기, 부바르디아, 아게라툼, 포인세티아, 구즈마니아, 온시디움
Sunflower, Bouvardia, Ageratum, Poinsettia, Guzmania, Oncidium

남아메리카 South America
부겐빌레아, 아마릴리스, 구즈마니아, 페튜니아, 구근베고니아
Bougainvillea, Amaryllis, Guzmania, Petunia, Begonia

남아프리카 South Africa
극락조화, 글라디올러스, 거베라, 오니소갈룸, 칼라, 프리지아
Heliconia, Gladiolus, Gerbera, Ornithogalum, Calla Lily, Freesia

유럽 Europe
금잔화, 데이지, 안개초, 카네이션, 오니소갈룸, 스위트 피
Calendula, Daisy, Gypsophila, Carnation, Ornithogalum, Sweet Pea

지중해 연안 Mediterranean
스타티스, 스토크, 아네모네, 카네이션, 수선화, 이베리스
Statice, Stock, Anemone, Carnation, Daffodil, Iberis

아시아 Asia
나리, 장미, 거베라, 카네이션, 안개초, 클레마티스(큰꽃으아리)
Lily, Rose, Gerbera, Carnation, gypsophila, Clematis

중앙아시아(터키지역) Central Asia(Turkish area)
튤립, 히아신스, 아마, 메밀
Tulip, Hyacinth, Linum, Buckwheat

북아프리카 North Africa
금어초, 빈카(일일초)
Snapdragon, Vinca

오스트레일리아 Australia
호주매화, 유칼립투스, 왁스플라워
Australia apricot flower, Eucalyptus, Wax Flower

꽃 말

가막살나무 : 사랑은 죽음보다 강하다
가지 : 진실
갈대 : 깊은 애정, 친절, 신의
갈풀 : 끈기
감 : 경이, 자애, 소박
갓 : 무관심
강아지풀 : 동심, 노여움
개나리 : 희망
개암나무 : 화해
개양귀비 : 덧없는 사랑
개옻나무 : 현명
갯개미취 : 추억
갯버들 : 친절, 자유
거베라 : 수수께끼
겨우살이 : 강한 인내심
겹벚꽃 : 정숙 · 단아함
고데치아 : 순수한 사랑
고비 : 몽상
골고사리 : 진실의 위안
공작고사리 : 신명
과꽃 : 믿음직한 사랑, 추억
괭이밥 : 빛나는 마음
구기자 : 희생
국화 : 고결, 정조, 고귀, 진실
군자란 : 고귀함, 우아함
굴거리나무 : 내 사랑 나의 품에
귤나무 : 친애, 깨끗한 사랑
극락조화 : 신비로움, 영생
글라디올러스 : 정열적인 사랑
글록시니아 : 화려한 모습, 욕망
금어초 : 욕망
금잔화 : 이별의 슬픔, 질투
기르탄서스 : 고운 여인
꼬리풀 : 달성
꽃고비 : 내게 와 주세요
꽃담배 : 그대 있어 외롭지 않네
꽃아카시아나무 : 품위
꽃양귀비 : 위안
꽃양배추 : 이익, 유익함

꽃창포 : 우아한 마음
꽈리 : 수줍음
나리 : 진실
나팔꽃 : 덧없는 사랑, (흰색)넘치는 기쁨, 결속
낙엽 : 새봄을 기다림
낙엽송 : 대담함, 용기
난초 : 청초함
남천 : 전화위복
납매 : 자애
너도밤나무 : 번영
년출월귤 : 심적 고통의 위로
네잎클로버 : 행운
네프로네피스 : 매혹
노루귀 : 인내
노송 : 불멸, 불사
느릅나무 : 위엄, 믿음
느티나무 : 운명
능소화 : 명예
다래넝쿨 : 깊은사랑
단풍나무 : 염려, 자제, 사랑
달리아 : 화려함, 감사
달맞이꽃 : 기다리는 사랑
담배 : 기분
담쟁이 덩굴 : 우정, 아름다운 매력
당아욱 : 은혜
당종려 : 승리
대나무 : 절개, 인내
대왕송 : 부귀영화
덩굴성 식물 : 아름다움
데이지 : 명랑, 순수한 마음
도꼬마리 : 고집, 애교
도라지 : 상냥하고 따뜻한, 기품
독일 창포 : 멋진 결혼동백꽃(빨강) : 고결한 이성
동백꽃(흰색) : 비밀스런 사랑, 자랑, 겸손함
동심초 : 온순
둥굴레 : 고귀한 봉사
드라세나 와네끼 : 약속의 실행
들장미 : 시
등골나물 : 주저함
등나무 : 사랑에 취함
디기탈리스 : 가슴속의 생각
딸기 : 존중과 애정
떡갈나무 : 붙임성이 좋음, 사랑은 영원히
라넌큘러스 : 비난
라벤더 : 기대, 침묵, 풍부한 향기

라일락(보라) : 친구의 사랑, 우애, 싹트는
라일락(흰색) : 아름다운 맹세
레몬 : 진심으로 사모함, 성실한 사랑
레몬버베나 : 인내
렉스베고니아 : 부조화, 짝사랑
로단테 : 영속
로벨리아 : 불신, 원망, 악의
로즈메리 : 나를 생각해요
루나리아 : 정직함
루드베키아 : 정의
루피너스 : 모성애, 행복
리아트리스 : 고집쟁이, 고결함
마 : 운명
마가렛 : 자유, 사랑을 점친다.
마가목 : 게으름 모르는 마음, 신중함
마거리트 : 마음속에 감춘 사랑
마란타 : 우정
마로니에 : 천재
마쿨라타 엽란 : 거역
말오줌나무 : 열심
매리골드 : 가엾은 애정, 이별의 슬픔
매발톱 꽃 : 승리의 맹세
매실나무 : 고결, 꽃을 피움
매자나무 : 까다로움
매화 : 고결한 마음, 맑은 마음
맨드라미 : 건강, 타오르는 사랑
머루(포도) : 기쁨, 자선, 박애
머위 : 공평
메꽃 : 충성, 수줍음
멕시칸아이비 : 변화
명자나무 : 조숙, 겸손함, 평범함
모과나무 : 괴짜, 조숙
모란 : 부귀, 영화, 왕자의 품격, 행복한 결
목련 : 숭고한 정신, 우애
목화 : 어머니의 사랑, 우수
몬스테라 : 괴기
무궁화 : 미묘한 아름다움, 섬세한 아름다
무늬 제라늄 : 위안
무릇 : 강한 자제력
무화과 : 풍부함, 풍요
문주란 : 청순함
물망초 : 나를 잊지 마세요, 진실한 사랑
미나리 : 성의, 고결함
미나리아재비 : 아름다운 인격, 천진난만
미모사 : 예민한 마음
민들레 : 사랑의 신, 무분별, 신탁
밀감 : 친애

밀토니아 : 슬픔은 없다.
바위솔 : 가사에 근면
바위취 : 절실한 사랑
바이올렛 : 영원한 우정, 사랑
박 : 밤에 열림
박달나무 : 견고
박쥐란 : 교묘함, 괴이함
박하 : 순진한 마음, 미덕
밤꽃 : 진심
밤나무 : 포근한 사랑, 정의
배꽃나무 : 사랑, 환상, 위안, 위로, 온화한 애정
배추꽃 : 쾌활
백리향 : 용기
백부자 : 아름답게 빛나다
백양나무 : 시간
백일초 : 떠나간 님을 그리워 함
백일홍 : 행복
백합 : 순결
뱀무 : 만족된 사랑
버드나무 : 솔직
버베나 : 단란한 일가, 가족의 화합
범부채 : 정성어린 사랑
범의귀 : 비밀, 절실한 애정
벗풀 : 신뢰
벚꽃나무 : 결박, 정신의 아름다움
벚나무 : 정신적 아름다움
베고니아 : 부조화, 친절, 정중
보리 : 번영, 보편, 일치단결
보리수나무 : 부부의 사랑, 결혼
복숭아꽃 : 사랑의 노예
복숭아나무 : 매력, 유혹, 용서, 희망
봉선화 : 손대지 마세요, 정결
부들 : 용기, 순종
부바르디아 : 정열
부용 : 섬세한 아름다움
부처꽃 : 비연, 사랑의 슬픔
분꽃 : 수줍음, 소심함, 겁쟁이
불로초 : 믿고 따름
붉나무 : 신앙
붓꽃 : 기별, 존경, 신비한 사람, 좋은 소식
비단향 : 한결같은 사랑
비단향꽃무(스토크) : 영원한 아름다움
비파나무 : 온화, 현명
빈카 : 즐거운 추억
사과 : 명성, 유혹, 성공
사철나무 : 변화 없다.

사초 : 자중
사프란 : 절도의 미
사향장미 : 변덕스런 사랑
산나리 : 순결
산사나무: 유일한 사랑
산세베리아 : 관용
산수유 : 호의에 기대함
살구꽃 : 아가씨의 수줍음
삼나무 : 그대를 위해 살아감
삼색제비꽃 : 순애
삼닥나무 : 당신께 부를 드림
상수리나무 : 번영
색비름 : 애정
샐비어 : 타는 마음, 정력, 정조
샤스타데이지 : 만사는 인내
서양까치밥나무 : 예상
서양톱풀 : 지도력
서양호랑가시나무 : 선견지명
서향 : 불멸, 영광
석류 : 전성, 원숙한 아름다움
석송 : 비단결 같은 마음
석죽 : 평정, 무욕
선인장 : 정열, 열정, 무장
섬향나무 : 숨겨진 진실
세이지 : 가정의 덕
센토레아 : 고독, 미모, 그리운 엄마
소귀나무 : 그대만을 사랑하오.
소나무 : 불로장수, 불로장생, 용감함, 고독
소철 : 강한 사랑
속새 : 비범함
수국 : 성남, 변덕스러움
수레국화 : 미모, 가냘픔, 행복
수련 : 깨끗한 마음, 청순한 마음
수박풀 : 아가씨의 아름다운 자태
수선화 : 신비, 자존심, 고결
수수 : 풍요
수수꽃다리(라일락) : 회상, 기쁨, 우애
수양버들 : 내 가슴의 슬픔, 사랑의 슬픔
수염패랭이꽃 : 의협심
수위트피 : 사랑의 기쁨, 사랑스러운 마음
스노우드롭 : 희망, 위안, 인내
스노우플레이크 : 아름다움, 처녀의 사랑
스타티스 : 영구불멸, 변치 않는 사랑
스토케시아 : 깨끗한 소녀
스토크 : 영원한 아름다움
스프렌게리 : 항상 변함이 없다.
시계꽃 : 성스러운 사랑

시네라리아 : 쾌활, 항상 즐겁다.
시클라멘 : 성적 겸손, 수줍음, 내성적 성격
시프러스 : 우연한 상면
심비디움 : 화려한 삶
싸리나무 : 상념, 사색
쑥부쟁이 : 인내
씀바귀 : 헌신
아가판서스 : 사랑의 전달
아까시나무 : 희미한 연애, 숨겨진 사랑
아나나스 : 만족, 미래를 즐긴다.
아네모네 : 허무한사랑, 단념, 고독, 기대
아도니스 : 영원한 행복, 추억, 회상
아디안텀 : 애교 있는 사람
아르메리아 : 동정, 가련, 온순
아마 : 책임
아마릴리스 : 침묵, 겁장이, 허영심
아부틸론 : 영원한 사랑
아스클레피아스 : 박애, 청초
아스터 : 추억, 믿는 사랑
아스파라거스 스프렌게리 : 항상 변함없음
아스포델 : 나는 당신의 것
아이리스 : 기쁜 소식
아이비 : 행운이 함께하는 사랑
아이비 제라늄 : 진실한 애정
아잘리아 : 첫사랑
아주까리 : 단정한 사랑
아칸서스 : 기교, 복수, 절교
아킬레아 : 투쟁, 충실함
안개초 : 고운 마음
안스리움 : 번뇌
알로에 : 꽃도 잎새도
알리움 : 끝없는 슬픔
알몬드 : 진실한 사랑, 희망
앰브로시아 : 행복한 연애
앵두 : 수줍음
앵초 : 젊은 시절과 고뇌, 돌보지 않은 아름다움, 비할 바 없는 아름다움
야자나무 : 부활, 승리
양골담초 : 겸손
양귀비 : (빨강)위로, (흰색)망각
양하 : 건망증
어저귀 : 억측
억새 : 친절, 세력, 활력
엉겅퀴 : 독립, 고독한 사람, 근엄
에니시다 : 청초
에델바이스 : 귀중한 추억, 인내, 용기
에리카 : 고독, 쓸쓸함

에린지움 : 비밀스런 애정
연꽃 : 순결, 군자, 신성, 청정
연령초 : 그윽한마음
연산홍 : 첫사랑
엽란 : 거역, 거절
오동나무 : 고상
오렌지 : 순결, 신부의 기쁨
오리나무 : 위로, 장엄
오엽송 : 강건
오이풀 : 변화, 존경, 애모
오크라 : 번영
옥수수 : 재보
옥잠화 : 침착, 조용한 사랑
온시디움 : 순박한 마음
올리브나무 : 평화, 지혜
용담초 : 애수, 슬픈 그대가 좋아
용버들 : 경쾌함, 태평한 세월
용설란 : 강한 의지, 용기
용수초 : 온순
우엉 : 인격자, 나에게 손대지 마오
원추리 : 지성
월계수나무 : 승리, 영광, 명예
유도화 : 주의
유자나무 : 기쁜, 소식
유홍초 : 영원히 사랑스러워
으름덩쿨 : 재능
은단초 : 총명
은매화 : 사랑의 속삭임
은방울꽃 : 섬세함
은사철 : 슬기로운 생각
은행나무 : 장수, 정숙, 장엄, 진혼
인도고무나무 : 남성적
일본대나무 : 청절
일본아이리스 : 우아한 심정
잎새란 : 참신함
자목련 : 자연애
자스민 : 사랑스러움
자운영 : 그대의 관대한 사랑, 감화, 나의 행복
자작나무 : 당신을 기다림
작살나무 : 총명
작약 : 수줍음, 수치
장미/백색 : 사랑의 한숨, 실연
장미/적색 : 열렬한 사랑
장미/진홍 : 수줍음
장미/파랑 : 불가능, 이루어질 수 없는 사랑
장미/핑크 : 사랑의 맹세

장미/황색 : 질투, 부정
적송 : 선비의 지조
전나무 : 숭고, 정직, 승진, 고상함
접시꽃 : 풍요, 야망, 평안
제라늄 : 친구의 정, 결심
제비꽃 : 성실, 겸양
조팝나무 : 애교, 명쾌한 승리
종려나무 : 승리
주목나무 : 비애, 죽음
쥐똥나무 : 강인한 마음
진달래 : 절제, 청렴, 사랑의 즐거움
진저 : 당신을 믿습니다.
질경이 : 발자취
찔레 : 고독, 주의 깊다.
차나무 : 추억
참깨나무 : 기대한다.
참나리 : 순결, 깨끗한 마음
참나무 : 번영
참제비고깔 : 청명, (담홍색)자유
창포 : 경의, 신비한 사람
채송화 : 가련, 순진
천리향 : 편애
천인국 : 단결, 협력
천일홍 : 불변, 매혹
철쭉 : 사랑의 즐거움
체꽃 : 이루워질 수 없는 사랑
초롱꽃 : 충실, 정의, 열성에 감복
측백나무 : 견고한 우정
치자나무 : 순결, 행복, 청결, 한없는 즐거움
취 : 사랑의 한숨
카네이션/백색 : 나의 사랑
카네이션/적색 : 열렬한 사랑
카네이션/핑크 : 부인의 애정
카네이션/황색 : 당신에 대한 경멸
카틀레아 : 우아한 여성, 당신은 미인
칸나 : 행복한 종말, 존경
칼라 : 열혈
칼라디움 : 기쁨, 환희
칼세올라리아 : 도움
캄파놀라 : 변함없다.
코스모스 : 순정, 애정, 조화
콩(대) : 기름진 사랑
콩꽃 : 반드시 오고야 말 행복
쿠페아 : 세심한 사랑
크로커스 : 불안한 청춘의 기쁨
크리스마스로즈 : 근심의 해결, 추억
클레마티스 : 마음의 아름다움

클레오메 : 불안정, 인연을 맺음
클로버 : 약속, 행운, 평화
탱자 : 추상, 추억
튜베로즈 : 위험한 쾌락
튤립/백색 : 실연
튤립/자색 : 영원한 사랑
튤립/적색 : 짝사랑의 선고
튤립/황색 : 헛된 사랑
트리토마 : 이채, 그것은 믿을 수 없다.
파인애플 : 완전무결
파초 : 기다림
파피루스 : 정직한 사랑
팔손이나무 : 비밀, 기만, 분별
팜파스그라스 : 웅대, 자랑스럽다.
패랭이꽃 : 순애, 조심, 대담
팬지 : 사색, 사고, 사랑의 추억
페튜니아 : 사랑의 방해
편백 : 변하지 않는 사랑
포도 : 기쁨, 박애, 자선, 신뢰
포인세티아 : 행복, 추억, 축하
풍란 : 참다운 매력, 신념
프리뮬러 : 희망, 번영
프리지아 : 순결, 깨끗한 향기
플라타너스 : 휴식, 용서
플록스 : 온화
피닉스 : 뜨거운 사랑
피라칸사 : 알알이 영근 사랑
피마자 : 단정한 사랑
하늘나리 : 변치는 귀여움
한란 : 귀부인, 미인
할미꽃 : 충성, 슬픈 추억
함박꽃 : 수줍음
해당화 : 온화, 미인의 잠결
해바라기 : 동경, 숭배, 의지, 신앙, 애모
해오라기 난초 : 꿈에도 만나고 싶음
향기 알리섬 : 뛰어난 아름다움
향나무 : 영원한 향기
헬리오토로프 : 영원한 사랑
헬리크리섬 : 슬픔은 없다.
호접란 : 당신을 사랑합니다.
화초토마토 : 완성된 미
회양목 : 인내
후박나무 : 모정
히비스커스 : 남몰래 간직한 사랑
히아신스 : 겸양한 사랑, 유희

INDEX

이름으로 찾아보기

각시꽃_12
각시취_38
개 맨드라미_96
개꼬리풀_143
갯바위대극_58
갯활량나물_161
거베라_22
거북머리_150
거치엽수구화_107
겹꽃 해바라기_25
계관화_97
고데치아_79
고데티아_79
고려솜나물_38
고사리잎 톱풀_3
골든볼_14
곰프레나_98
공작이국화_12
공작초_34
공작초_6
과꽃_8
과남풀_135
구근아이리스_90
구즈마니아_165
국화(소륜, 스프레이)_18
국화_17
극락조화_39
글라디올러스_88
글로리오사 릴리_159
글로리오사_159
글로메라타 종꽃_155
금계국_12
금관화_176
금규_131
금꿩의 다리_69
금매화_78
금송화_7
금어초_149
금잔화_7
기간티아 알리움_110

기르탄투스_113
기린 리아트리스_27
기린초_31
길경_157
길경채_157
깃털 맨드라미_95
깃털 맨드라미_96
꼬리풀_151
꽃 양귀비_133
꽃갯질경_2
꽃꼬리풀_143
꽃도라지_134
꽃범의 꼬리_43
꽃양귀비_133
끈끈이 대나물_105
나래취_38
나리(아시아틱)_80
나리(오리엔탈)_81
나팔나리_82
나팔수선화_115
나폴리 알리움_109
난향초_46
넘나물_129
네리네_117
네아폴리탄 알리움(코와니)_109
네아폴리탄 알리움_109
노랑 아킬레아_3
노랑 오니소갈룸랑_128
노랑 칼라_154
노랑꽃 칼라_154
노루오줌_84
니겔라_76
니포피아_130
다알리아_16
다이아몬드 릴리_117
다이안투스_102
단추꽃_10
달리아_16
당국화_8
당아욱_131
대국_17
대륜국화_17
대악당송초_69
덴드로비움 팔레놉시스_50
덴드로비움_49
덴파레_50
덴팔레_50
델피늄_75

델피니움_75
도깨비 산토끼꽃_137
도라지_157
도랏_157
독일은방울꽃_120
둥근 오니소갈룸_126
드럼스틱 알리움_112
들원추리_129
디디스커스_68
딜_64
라넌큘러스_77
라눙쿨루스_77
라이스 플라워_28
라티루스_162
락스퍼_73
랑미화_143
레우코스페르뭄_169
레이디스 맨틀_145
레이스 플라워_63
로니케라_141
로단세_29
로단테_29
루피너스_163
루핀_163
류카덴드론_168
리시안서스_134
리아트리스_27
만수국_33
만첩 해바라기_25
만향옥_121
망종화_62
매리골드_33
맥시칸 부시 세이지_44
맨드라미_95, 96, 97
멕시칸 세이지_44
모나르다_47
모루셀라_42
모루켈라_42
모카라 반다_57
모카라_57
목수국_142
몬타나 센토레아_11
몬타나 켄타우레아_11
몬타나 콘플라워_11
무스카리_125
미국 등골나물_21
미국미역취_31
미국쑥부쟁이_6

미니 델피니움_74
미니 장미_146
미니 카네이션_103
미니수선화_116
미스티블루_1
밀짚꽃_36
바람꽃_71
바스래기꽃_36
반다_56
밥꽃풀_28
밥티시아_161
방울수선화_116
방크샤_166
방크시아 프로티아_166
백공작_6
백당나무_142
백일초_37
백일홍_37
백일화_37
백학석_123
백합_82
버질리아_92
버플레움_66
범부채_89
베들레헴의 별_127
베로니카_151
베르가못_47
베르젤리아_92
벨라도나 델피니움_74
보라살비아_45
보라샐비어_45
보리수_127
보바르디아_40
부들레야_85
부바르디아_40
부프레우룸_66
부활절백합_82
불꽃난초_52
불두화_142
불로초_60
불로화_5
붉은 인동_141
붓들레야_85
브루니아_91
블러싱 브라이드_172
블루스타_178
비녀옥잠화_123
비단향꽃무_119

비비추_122
비어초_149
비연초_73
비타 맨드라미_96
사간_89
사계화_147
산데르소니아_160
산서소니아_160
산수국_107
산옥잠화_122
산자연_24
살살이 꽃_13
샌더소니아_160
샐비어_45
서양 톱풀_4
서양등골나무_21
서양말냉이_118
서양물레나물_62
서양미역취_31
석곡_49
석곡풀_49
석무초_158
석죽_101
선줄맨드라미_94
선줄비름_94
세덤_60
세루리아_172
세시꽃_174
센토레아_10
소국_18
소륜국화_18
소회향_64
솔리다고_31
솔리다스터_32
솔매_59
수구화_106
수국_106
수레국화_10
수선화_115
수염 패랭이_101
숙근 스타티스_1
숙근 안개초_104
숙근플록스_41
스노우 스타_65
스위트 윌리엄_101
스위트피_162
스카비오사_138, 139
스칼렛 방크시아_167

스키미아_136
스킴미아_136
스타티스_2
스텔라타 스카비오사_140
스토크_119
스트렐리지아_39
스프레이 장미_146
스프레이 카네이션_103
시네라리아_30
시라_64
시레네_105
시차국_10
시칠리안 허니릴리_111
시쿨룸 알리움_111
심비디움_51
썬스타 오니소갈룸_128
아가판서스_108
아가판투스_108
아게라텀_5
아게라툼_5
아나나스_165
아네모네_71
아마릴리스_114
아미_63
아스클레피아스_176
아스터_6
아스틸베_84
아시아틱 백합_80
아이리스_90
아이슬란드 포피_133
아코니텀_70
아킬레아_4
아타나시아_35
아티초크_15
아프리카 백합_108
아프리칸 데이지_22
아프리칸 매리골드_33
안개꽃_104
안스리움_152
알리움 드럼스틱_112
알리움_110
알스트로메리아_132
알스트로에메리아_132
알케밀라_145
알피니아_99
암대극_58
애기 범부채_86
야로우_3

양귀비 아네모네_71
에린기움_67
에린지움_67
에키나세아_19
에키놉스_20
에피덴드럼_52
에피덴드롬_52
여름라일락_85
오니소갈룸_126, 127
오리엔탈 백합_81
오스트란티아_65
옥비녀꽃_123
옥스포드 스카비오사_139
옥시페탈룸_178
옥잠화_123
온시디움_53
왁스플라워_59
용담초_135
용왕꽃_170
우미인초_133
울금_100
울금향(鬱金香)_83
원추리_129
월계화_147
월하향_121
유스토마_134
유카덴드론_168
은방울꽃_120
이끼시아_86
이베리스_118
일본황산계수나무_136
잇꽃_9
잉카르나타 금관화_177
잉카르나타 아스클레피아스_177
잎안개_174
자금성_174
자라송이풀_150
자이언트 알리움_110
자이언트 프로테아_170
자주군자란_108
작약_144
잔테데스키아_153
장미(스프레이 타입)_146
장미_147
장병옥잠_122
재채기풀_23
전륜화_33
절굿대_20

제비고깔_75
조개꽃_42
조일화_24
종꽃_156
종이꽃_29, 36
주머니 난초_54
줄맨드라미_93
줄비름_93
지중해의 종_111
진저_99
참금가락풀_69
참깨풀_149
천수국_34
천일홍_98
철포백합_82
청공작_6
체꽃_138, 139, 140
촛불 맨드라미_95
취국_8
층꽃나무_46
층꽃풀_46
층층부채꽃_163
카네이션(스프레이 타입)_103
카네이션_102
카라_153
카스피아_1
카틀레아_48
카틀레야_48
칼라_153
칼란코에_61
칼랑코에_61
캄파눌라 글로메라타_155
캄파눌라_156
캉가루 포_148
캐로네 리오니_150
캥거루 발톱_148
캥거루 포_148
켄타우레아_10
코스모스_13
코와니_109
코키네아 방크시아_167
쿠르쿠마_100
쿠타운 난초_50
크라스페디아_14
크로코스미아_86
큰까치수염_143
큰까치수영_143
큰꽃으아리_72

큰꿩의 비름_60
클라키어_79
클레마티스_72
클로버_164
키나라_15
키르탄서스_113
킹 프로테아_170
타제타 수선화_116
탄지_35
테로페아_173
토끼풀_164
톱꽃_4
투구꽃_70
튜베로즈_121
튤립_83
트라켈리움_158
트라키메네_68
트롤리우스_78
트리토마_130
트위디아_178
티젤_137
파피오페딜룸_54
팔레놉시스_55
페루백합_132
페리칼리스_30
풀솜꽃_5
풀협죽도_41
프랜치 매리골드_34
프로테아_171
프리지아_87
프리지어_87
플라밍고 플라워_152
플록스_41
피소스테기아_43
핀쿠션_169
핑크 루드베키아_19
하늘바라기_26
하이베리쿰_62
하이페리쿰_62
함박꽃_144
해바라기_24
행잉 아마란터스_93
향일화_24
헬레늄_23
헬리옵시스_26
헬리코니아_175
헬리크리섬_36
호안_19

호접란(胡蝶蘭)_55
홍학꽃_152
홍화_9
홀왕원추리_129
황화 톱풀_3
후리지아_87
흑종초_76
히아신스_124
히야신스_124
히페리쿰_62
히피에스트럼_114

학명으로 찾아보기
Scientific name

Achillea filipendulina_3
Achillea millefolium_4
Aconitum napellus_70
Agapanthus africanus_108
Ageratina altissima_21
Ageratum houstonianum_5
Alchemilla mollis_145
Allium gigantium_110
Allium neapolitanum_109
Allium siculum_111
Allium sphaerocephalon_112
Alpinia purpurata_99
Alstroemeria pulchella_132
Amaranthus caudatus_93
Amaranthus cruentus_94
Ammi majus_63
Anemone coronaria_71
Anethum graveolens_64
Anigozanthos flavidus_148
Anthurium spp._152
Antirrhinum majus_149
Asclepias curassavica_176
Asclepias incarnata_177
Astilbe hybrids_84
Astrantia major_65
Banksia coccinea_167
Banksia prionotes_166
Baptisia australis_161
Berzelia lanuginosa_92
Bouvardia hybrids_40
Brunia laevis_91
Buddleja davidii_85
Bupleurum griffithii_66

Calendula officinalis_7
Callistephus chinensis_8
Campanula glomerata_155
Campanula medium_156
Carthamus tinctorius_9
Caryopteris incana_46
Cattleya spp._48
Celosia argentea var. spicata_96
Celosia argentea_95
Celosia cristata_97
Centaurea cyanus_10
Centaurea montana_11
Chamelaucium uncinatum_59
Chelone lyonii_150
Chrysanthemum morifolium_17
Chrysanthemum morifolium_18
Clarkia amoena_79
Clematis spp._72
Consolida ajacis_73
Convallaria majalis_120
Coreopsis drummondii_12
Cosmos bipinnatus_13
Craspedia globosa_14
Crocosmia x crocosmiiflora_86
Curcuma spp._100
Cymbidium spp._51
Cynara cardunculus_15
Cyrtanthus mackenii_113
Dahlia hybrids_16
Delphinium belladonna_74
Delphinium elatum_75
Dendrobium bigibbum_50
Dendrobium spp._49
Dianthus barbatus_101
Dianthus caryophyllus_102
Dianthus caryophyllus_103
Dipsacus fullonum_137
Echinacea purpurea_19
Echinops bannaticus_20
Epidendrum radicans_52
Eryngium planum_67
Euphorbia jolkini_58
Eustoma grandiflorum_134
Freesia hybrids_87
Gentiana triflora_135
Gerbera jamesonii spp._22
Gladiolus grandiflorus_88
Gloriosa superba_159
Gomphrena globosa_98

*Guzmania lingulata*_165
*Gypsohila paniculata*_104
*Helenium autumnale*_23
Helianthus annuus var. *californicus*_25
*Helianthus annuus*_24
*Heliconia stricta*_175
*Heliopsis helianthoides*_26
*Hemerocallis fulva*_129
*Hippeastrum hybrids*_114
*Hosta longipes*_122
*Hosta plantaginea*_123
*Hyacinthus orientalis*_124
*Hydrangea macrophylla*_106
*Hydrangea serrata*_107
*Hylotelephium spectabile*_60
*Hypericum inodorum*_62
*Iberis amara*_118
*Iris domestica*_89
*Iris hybrids*_90
*Kalanchoe blossfeldiana*_61
*Kniphofia hybrids*_130
*Lathyrus odoratus*_162
*Leucadendron hybrid*_168
*Leucospermum hybrid*_169
*Liatris spicata*_27
*Lilium hybridum*_80
*Lilium hybridum*_81
*Lilium longiflorum*_82
*Limonium latifolium*_1
*Limonium sinuatum*_2
Lonicera japonica for. *rubra*_141
*Lupinus perennis*_163
*Lysimachia clethroides*_143
Malva sylvestris var. *mauritiana*_131
*Matthiola incana*_119
× *Mokara* spp._57
*Moluccella laevis*_42
*Monarda didyma*_47
*Muscari armeniacum*_125
*Narcissus pseudonarcissus*_115
Narcissus tazetta var. *chinensis*_116
*Nerine hybrids*_117
*Nigella damascena*_76
Oncidium spp._53
*Ornithogalum dubium*_128
*Ornithogalum saundersiae*_126
*Ornithogalum thyrsoides*_127
*Ozothamnus diosmifolius*_28
Paeonia spp._144

*Papaver nudicaule*_133
Paphiopedilum spp._54
*Pericallis x hybrida*_30
Phalaenopsis spp._55
*Phlox paniculata*_41
*Physostegia virginiana*_43
*Platycodon grandiflorus*_157
*Polianthes tuberosa*_121
*Protea compacta*_171
*Protea cynaroides*_170
*Ranunculus asiaticus*_77
*Rhodanthe anthemoides*_29
*Rosa hybrids*_146
*Rosa hybrids*_147
*Salvia farinacea*_45
*Salvia leucantha*_44
*Sandersonia aurantiaca*_160
*Saussurea pulchella*_38
*Scabiosa caucasica*_138
*Scabiosa atropurpurea*_139
*Scabiosa stellata*_140
*Serruria florida*_172
*Silene armeria*_105
*Skimmia japonica*_136
*Solidago serotina*_31
*Solidaster luteus*_32
*Strelitzia reginae*_39
*Symphyotrichum novi-belgii*_6
*Tagetes erecta*_33
*Tagetes patula*_34
*Talinum paniculatum*_174
*Tanacetum vulgare*_35
*Telopea speciosissima*_173
*Thalictrum rochebrunianum*_69
*Trachelium caeruleum*_158
*Trachymene coerulea*_68
Trifolium spp._164
*Trollius chinensis*_78
*Tulipa hybrids*_83
*Tweedia caerulea*_178
*Vanda coerulea*_56
*Veronica spicata*_151
Viburnum opulus for. *hydrangeoides*_142
*Xerochrysum bracteatum*_36
*Zantedeschia aethiopica*_153
*Zantedeschia elliottiana*_154
*Zinnia elegans*_37

영명으로 찾아보기
English name

achillea_3, 4
aconite_70
aconitum_70
african daisy_22
african lily_108
african marigold_33
agapanthus_108
ageratina_21
ageratum_5
alchemilla_145
allium 'drumstick'_112
allium 'gigantium'_110
allium 'neapolitan'_109
allium drumstick_112
alstroemeria_132
amaranthus_94
amaryllis_114
ammi_63
ananas_165
anemone_71
anethum_64
anigozanthos_148
anthurium_152
artichoke_15
asclepias 'Incarnata'_177
asclepias_176
asiatic lily_80
astilbe_84
australian laceflower_68
autumn lady's tresses_56
baby's breath_104
bachelor button_98
bachelor's button_10
ball-head onion_112
balloon flower_157
banksia protea_166
banksia_166
baptisia_161
bastard saffron_9
beautiful flowered saussurea_38
bee balm_47
belamcanda_89
bellflower_156
bells of ireland_42

bergamot_47
berzelia_92
bigleaf hydrangea_106, 107
billy balls_14
billy button_14
bird of paradise_39
bishop's weed_63
bitter buttons_35
blackberry lily_89
blue glow_20
blue orchid_56
blue rocket_70
blue star_178
bluebell_125
blushing bride_172
boat orchids_51
bottle brush_166
bouvardia_40
brain flower_97
brunia_91
bulb iris_90
bulbous iris_90
bunch flowered narcissus_116
bupleurum_66
butterfly bush_85
butterfly stonecrop_60
button yarrow_35
calendula_7
calla lily_153
calla_153
campanula_156
candle larkspur_75
candytuft_118
carnation_102
carthamus_9
caryopteris_46
caspia_1
cattleya_48
celosia_97
centaurea_10
chelone_150
china aster_8
chinese bellflower_157
chinese jute_131
chinese lantern lily_160
chrysanthemum_17
cineraria_30
clarkia_79
clematis_72
climbing lily_159
clover_164
clustered bellflower_155

clustered gentian_135
coccinea banksia_167
cockscomb_97
convallaria_120
cooktown orchid_50
cornflower montana_11
cornflower_10
cosmos_13
cottage yarrow_4
crane flower_39
craspedia_14
crocosmia_86
curcuma_100
cymbidium orchids_51
cynara_15
cyrtanthus_113
daffodil_115
dahlia_16
dancing-lady orchid_53
dane's blood_155
daylily_129
delphinium 'belladonna'_74
delphinium_75
dendribium orchid_49
dendrobium orchid_50
dendrobium_49
dense blazing star_27
devil's bit_138, 139
diamond lily_117
dianthus_101
didiscus_68
dill_64
ditch lily_129
dragon flower_149
dutch hyacinth_124, 126
dutch iris_90
dwarf sungold_25
easter lily_82
echinacea_19
echinops_20
english marigold_7
epidendrum_52
eryngium_67
euphorbia_58
eustoma_134
evergreen kangaroo paw_148
falling stars_86
false dragon-head_43
false indigo_161
false spirea_84
false sunflower_26
feather celosia_96

feather cockscomb_96
fern leaf yarrow_3
field daylily_129
fire lily_113
fire lily_159
fire-star orchid_52
flame lily_159
flamingo flower_152
flat sea holly_67
florist's cineraria_30
floss flower_5
flowering onion_109, 110
foxtail amaranth_93
fragrant plantain lily_123
freesia_87
french marigold_34
fugi or snowflake mum_17
fuller's teasel_137
garden cosmos_13
garden phlox_41
gentian_135
gentiana_135
georginas_16
geraldton wax_59
gerbera_22
giant onion_110
giant protea_170
gigantia allium_110
gilliflower_119
gilliflower_174
ginger_99
gladiolus_88
globe amaranth_98
globe artichoke_15
globe flower_78
globe thistle_20
globe yarrow_14
gloriosa lily_159
goat's beard_84
godetia_79
gold meadowrue_69
golden buttons_35
golden calla_154
golden lily of the valley_160
golden shower orchid_53
golden solidaster_32
golden Wave_12
goldenrod_31
gomphrena_98
goosneck loosestrife_143
grape hyacinth_125
great masterwort_65

ground-rooting epidendrum_52
guzmania_165
gypsophila_104
gypsy rose_139
hanging amaranthus_93
hard leaved pocket orchid_54
helen's flower_23
helenium_23
helianthus_24
helichrysum_36
heliconia_175
heliopsis_26
helmet flower_70
hidden lily_100
honeysuckle_141
hortensia_107
hosta_122, 123
hyacinth_124
hybrid lily_81
hydrangea_106
hypericum_62
iberis_118
iceland poppy_133
iris_90
irish bell flower_42
japanese honeysuckle_141
jewels of opar_174
jocob's ladder_75
kalanchoe_61
kalanchoes_61
kangaroo paw_148
kerria_10
king sugar bush_170
knightspur_73
kniphofia_130
korean bellflower_157
laceflower_63, 68
lady's mantle_145
lady's slipper_54
lance-leaved tickseed_12
larkspur_73
larkstoe_73
lathyrus_162
leather flower_72
lent lily_115
leopard flower_89
leucadendron_168
leucospermum_169
liatris_27
lily of the fleid_71
lily of the incas_132
lily of the nile_108

lily of the valley_120
lily_82
limonium_1
lisianthus_134
lobster claw_175
love in a mist_76
lupin_163
lupinus_163
lysimachia_143
mallow_131
marigold_33
marigold_34
matsumoto aster_8
mealy sage_45
mealycup sage_45
mediterranean bells_111
mexican aster_13
mexican bush sage_44
mexican butterfly weed_176
mexican grain amaranth_94,
mexican sage_44
michaelmas daisy_6
milfoil_3
milkweed_176
mini carnation_103
mini delphinium_74
mini lily_116
miniature carnation_103
miniature rose_146
misty blue_1, 76
mokara banda_57
mokara orchids_57
monarda_47
monkshood_70
monte cassino aster_6
moth orchid_55
mountain cornflower_11
mountain hydrangea_107
mums_17
muscari_125
naples onion_109
narcissus_115, 116
narrow-leaf hosta_122
neapolitan garlic_109
nerine lily_117
new south wales waratah_17
nigella_76
nosebleed_3
novelty orchids_57
nursery spiraea_46
obedient plant physostegia_4
oncidium_53

orange eye_85
oriental lily_81
ornithogalum sun star_128
ornithogalum_126, 127
ostrich plume_99
paperwhite_116
paphiopedilum_54
peony_144
perennial cornflower_11
perennial phlox_41
persian buttercup_77
peruvian lily_132
phalaenopsis orchid_55
phlox_41
physostegia_43
pin cushion flower_139
pincushion protea_169
pink ice protea_171
pink rudbeckia_19
plantain lily_122
plumed celosia_95
plumed cockscomb_95, 96
poppy anemone_71
poppy_133
pot marigold_7
prairie gay feather_27
prairie gentain_134
pray chrysanthemum_18
pride of franschoek_172
prince's feather_94
protea_171
purple coneflower_19
purple poker_27
queen anne's lace_63
queen of the night_121
rainbow aster_8
ranunculus_77
red hot poker_130, 131
rhodanthe_29
rice flower_28
rocket larkspur_73
rose milkweed_177
rose_147
round ornithogalum_126
royal candles_151
rununculus_77
safari sunset_168
safflor_9
safflower_9
sago bush_28
salvia_45
sandersonia_160

satin flower_79
saw-wort_38
scabiosa_138, 139
scabiosa Stellata_140
scabious drumstick_140
scalet star guzmania_165
scarlet banksia_167
sedum_60
seneraria_30
serotina_31
serruria_172
shell flowers_42
showy stonecrop_60
sicilian honey lily_111
silene_105
silk flower_79
skimmia_136
smooth oxeye_26
snapdragon_149
snow lotus_38
snow star_65
snowball tree_142
solidago_31
solidaster_32
southern star_178
spray aster_6
spray carnation_103
spray chrysanthemum_18
spray rose_146
st. john's wort_62
star of bethlehem_127
starflower pincushions_140
statice_2
stock_119
stonecrop_60
straw flower_36
strelitzia_39
summer lilac_85
sun star_128
sunflower 'teddy bear'_25
sunflower_24
swan river everlasting_29
sweet pea_162
sweet william catchfly_105
sweet William_101
sword lily_88
tagetes_33
tagetes_34
tall boneset_21
tansy_35
tassel flower,tassel cockscomb_93
teasel_137

telopea_173
tenweeks stock_119
texas blue bonnet_163
texas bluebell_134
thalictrum_69
thorough wax_66
throatwort_158
torch ginger_99
torch lily_130
trachelium_158
transvaal daisy_22
traveller's joy_72
trefoil_164
tritoma_130
trollius_78
trumpet daffodil_115
tuberose_121
tulip gentian_134
tulip_83
turtlehead_150
tweedia_178
vanda_56
vase vine_72
veronica_151
viburnum_142
violet salvia_45
waratah banksia_167
wavyleaf sea-lavender_2
Wax flower_59
white dogwood_28
white snakeroot_21
wild indigo_161
wild teasel_137
wind flower_71
yarrow_3
yellow calla_154
yellow dicks_23
youth-and-old-age_37
zantedeschia_153
zinnia_37